日本人が知らされてこなかった「江戸」

世界が認める「徳川日本」の社会と精神

【大活字版】

原田伊織

はじめに　〜埋め去られた江戸を掘り起こすということ〜

京都に若い女性を中心にして全国から女性たちが買い求めにやってくる、大変な人気の弁当箱専門の店があります。形も色柄も実に多種多様、これに彩りも鮮やかな和食を詰めれば、さぞ美しく、美味しい弁当が仕上がる……誰もがそのように心躍らせるであろう弁当箱が多くの女性を惹きつけているようです。

これは、京都の伝統的な店が、今世界的に人気となっている日本の弁当、弁当箱に着目して展開している店に違いない。私は、当初そのように、これもクールジャパンというムーブメントの一つであろうと理解していました。ところが、この理解が少し的外れであることが、直ぐ判明しました。

実は、この店のオーナーは、ベルトラン・トマさんというフランス人で、数年前に開店したばかりだったのです。

そういえば、今、ヨーロッパやアメリカでは日本の弁当が人気です。当然、弁当箱への関心も非常に高くなっているのです。健康志向に後押しされて和食の人気が世界的に高まっている、いや、今やその人気が定着していることはよくご存じでしょう。「豆腐」や「納豆」という言葉が辞書に掲載されているという国も珍しくありません。もう「すきやき」「てんぷら」だけの時代ではないのです。

また、新潟県の小千谷といえば、戊辰戦争の際、「武備中立」を唱えて討幕軍（薩摩・長州軍）に抵抗した長岡藩と薩長軍との間で「小千谷会談」がもたれた、幕末史ではお馴染みの土地ですが、今は錦鯉で有名です。

錦鯉は、「泳ぐ宝石」とも称される美しく高価な鯉ですが、今これが世界的にも人気が高まり、小千谷には錦鯉の観賞、購入を目的として多くの外国人が訪れます。購入しても飼育を地元の専門業者に任せる、オーナー制度もでき上がっており、オーナーとなった外国人が年に一度自分の錦鯉の様子を見るために来日するということも珍しくないのです。

その他、禅寺で修行する外国人、温泉旅館に嫁いで女将さんとなっているアメリカ人女性等々、私たち日本人にとっても容易ではない日本での日本的な生活に溶け込んでいる、或いは溶け込もうとしている外国人の例は、枚挙に暇がありません。

これらの現象は、単なる流行なのでしょうか。流行、ムーブメントの一環であったとしても、その背景には何があるのでしょうか。

更に重要なことは、日本人自身にも同じような「伝統的な日本」への、一種の回帰現象が顕在化していることです。尤も、私はこれらの現象を単なる回帰現象であるとはみていません。もっと明確な必然性があると考えています。

ここで言う「伝統的な日本」とは、どの時代の日本を指すのでしょうか。

国民的作家と言われた司馬遼太郎氏は、次のような注目すべき言葉を残しています。

　われわれが持続してきた文化というのは弥生式時代に出発して室町で開花し、江戸期で固定して、明治後、崩壊をつづけ、昭和四十年前後にほぼほろびた。（『街道をゆく　南伊予・西土佐の道』朝日新聞社）

私は、司馬氏の「明治維新至上主義」とも言うべき明治維新を絶対正義とする立場を強く否定しますが、この短く凝縮された大局観としての歴史認識の髄とも言うべき捉え方には微塵の迷いもなく賛同しています。逆に、この見方が正当な歴史の読み方であると信じるからこそ、明治維新に対する無条件の賛美を否定するのです。

司馬氏は、「江戸期で固定して」と表現していますが、そうなのです、私たちの文化は江戸期に一つの完成形に達しているのです。つまり、今私たちが「伝統文化」と呼んでいるものは、殆ど江戸期にでき上がったものなのです。

それが明治以降崩壊を続け、戦後の高度成長期のピークに差しかかる昭和四十年前後に滅びたというわけです。

昭和四十（１９６５）年といえば、私が大学へ入った年です。それは偶々司馬氏も学んだ同じ大学でしたが、その頃、私たち日本人が創り、維持してきた固有の文化が「ほぼ滅んだ」という見方は、私は皮膚感覚で理解することができます。

私たちは、明治維新以降を「近代」と呼んできました。私はこれを、その性格をはっきりさせるため「明治近代」と表現していますが、昭和四十年といえば維新からようやく百年になろうとする頃でした。即ち、「明治近代」とは日本の伝統文化をひたすら壊し続けた百年であったとみることができるのです。

ここで一般的に「近代」と呼んでいる時代の定義を明確にするため、時代区分を確認しておく必要があります。

現在の歴史教育では、江戸時代は「近世」、明治以降を「近代」としています。実は、これは日本史独特の時代区分であって、通常世界史には「近世」という時代の捉え方は存在しません。

あくまで大きな時代の括り方ですが、世界史では、古代─中世─近代という捉え方をします。ところが、日本史では古代─中世─近世─近代という捉え方をするのが普通です。日本史は、「近世」という時代区分を設けないと、流れとして説明できないのです。

尤も、近年になって「世界史にも近世という区分を設けるべきだ」という主張が、海外の学者から提起されていることを付言しておきます。

近代とは、別の言葉で表現すれば「工業社会」が成立した時代であると言うこともできます。産業革命に端を発し、テクノロジーが大変なスピードで進展を遂げました。これが「大量規格生産」「大量消費」の時代を到来させ、「物財」が価値をもつ時代となったのです。ここで言う「物財」とは、土地や資源、製品だけでなく「お金」（金融資産）も含んだ言葉であると理解してください。

ところが、これをとことん追求していった結果、ある種の資源は枯渇していき、大自然の生態系が破壊され、地球の気候変動まで惹き起こす結果となったのです。

ここでは歴史の流れを俯瞰するために、大雑把な表現をしています。歴史を検証するためには、まずは大きく、大局的に流れを把握することが必要だと考えるからです。

工業化が行き過ぎた結果、人びとの心にこれに対する疑問が生まれ始めました。あまりにも利便性や自然の働きを上回るのではないかと思われるほどのパワー（破壊力などの力）ばかりを追い求めた結果、どういう社会になったのか。このままでは「自然の摂理」さえも利益追求のために破壊されるのではないか。生産力の増強（経済の発展）を無条件の正義としているうちに地球上の人口はどんどん増えていき、このままでは地球はこれを養うことができなくなるのではないか等々、人びとの近代工業社会に対する疑問は日を追うごとに大きくなっていったのです。

ここで発生したのが「パラダイムシフト」と呼ばれる地球規模の現象です。「パラダイム」とは、簡潔に言えば、一つの時代の基盤となる価値観のことを言います。これが根底から大きく転換するというのです。

この分析の先鞭をつけたのは、社会学者ダニエル・ベルでしょう。彼の著書『脱工業社会の到来』は、そのタイトルがそのまま衝撃的な流行語となりました。七十年代、高度成長期真っ盛りの頃のことです。日本人の大好きなピーター・ドラッカーたちもこの影響を受けています。

「パラダイムシフト」は、八十年代にイギリスとアメリカから始まったとされています。その頃日本では、人びとはバブル時代を満喫していて、文字通り「浮かれ騒いだ」日々を過ごしていたのです。

日本で「パラダイムシフト」が具体的な社会現象として顕在化し始めたのは、米英から二十年ほど遅れた２０００年に入った頃でした。ところが、日本では政治家や経済人が決定的にこの世界規模の「時代の気分」を理解できなかったのです。このことについては、本文で述べる機会もあるでしょう。

　近代工業社会への疑問が幅広く定着した時、世界が見出したものが、日本の「江戸の仕組みと価値観」なのです。流行(はや)りの「クールジャパン」とは、その表層部分のことでしかありません。

　時代を更に遡(さかのぼ)ってみましょう。

　振り返ってみれば、古代とは「合理の時代」でした。農業革命が起こり、私有財産が発生し、これが「交易」を成立させます。つまり、「物財」への関心が生まれたのです。この、モノへの関心の深まりが、写実美術を生むことにも繋がります。

　合理を重視する古代文明が発展すると、生産力が増大し、人口が急激に増えました。地球人口は紀元前後には2億５０００万人を突破したのです。人口の増加によって生産力が益々増大すると、エネルギー消費も増大し、このことがエネルギー資源の枯渇を招きます。

　エネルギー不足によって物財が増えないとなると、どういう価値観が生まれるか。一人当たりの物財を維持するためには、家族を減らせばいいということになります。

　かくして古代末期には産児制限が大変な勢いで広がったのです。産児制限が普及すると、当然人口は減少に向かい、同時に性道徳が退廃していきます。この点も近代社会と酷似しているのです。

物財が足りなくなると、足りない物を節約することが正しいという価値観が支配的となります。物財を離れて内面性、精神性に美意識を感じるようになるのです。ここでも「パラダイムシフト」が起こって、これが中世を招来することになったのです。

中世社会とは、物財より精神性が価値をもった「精神」の時代であったと言えるのです。宗教的価値観が社会を支配したのも、精神の時代であったからに他なりません。

中世とは、形而上的な思考がすべてを支配し、観念論、原理主義が社会を抑圧した時代でもあり、経済は停滞し、多くのエリアで人口も減少したのです。

この停滞を破ったものが、やはり「合理」の精神でした。人びとは、再び「合理」を尊重するようになり、時代は「近代」を迎えます。今、私たちは、「合理」が支配する「近代」に生きているのです。

つまり、古代―中世―近代という時代の変遷は、「合理」の時代―「精神」の時代―「合理」の時代という、「繰り返す変化」の流れでもあるのです。

ということは、近代工業社会がエネルギー問題や地球環境の問題によって行き詰まりを迎えようとしている今、時代は再び「精神」を重視する時代へと変遷していくのでしょうか。

基本的には、その通りです。時代は、確実に「精神性」を帯びてきているのです。ある学者が、「時代は中世に回帰する」と言いましたが、それは、「合理」の時代と「精神」の時代を繰り返す人類の文明的な変遷に照らせば、再び「精神」の時代へ移行するということをシンボリックに表現しているのです。

このような大きな時代のうねりに乗って、今、世界が、特に西欧先進地域の人びとが、江戸の社会システムや価値観に熱い視線を送るようになったということなのです。

即ち、この現象は、今の政権が観光客の誘致を熱心に唱えたからでも、オリンピックの誘致に成功したからでもないのです。人類の歴史の大きなうねり＝パラダイムシフトが震源なのです。

しかし先に、日本史には中世と近代の間に「近世」という時代が存在することを述べました。日本史独特の、この「近世」という時代がまさに江戸時代なのです。

では、江戸時代とは一体どういう時代であったのでしょうか。時代が大きく転換しつつある現在、世界はなぜ江戸に注目するのでしょうか。

江戸がどんな時代であったかって、そんなことは知ってるさ、と皆さんは簡単におっしゃるかも知れません。私なりの結論を申し上げれば、失礼ながら皆さんの殆どの方がご存じではありません。そして、それは皆さんの不勉強でも何でもないことを同時に申し上げておく必要があります。

なぜなら、江戸は土の中深くに埋め去られてしまった時代であるからです。それを知ろうと思えば、土の中から掘り起こさなければならないのです。

簡単に述べます。

江戸という三百年近くに及ぶ時代は、高度な社会システムと文化、独自性のある精神文化をもった、世界史の上でも他に例をみないオリジナリティに満ちた時代でした。

では、それほどの時代を誰が土の中に埋め去ってしまったのか。それは、「明治近代」なのです。

ご存じの通り、「明治近代」を創ったのは薩摩藩・長州藩を中心とした反徳川勢力でした。彼らは、徳川幕府から政権を奪った手前、幕府の時代＝江戸時代を徹底的に否定しました。何から何まで悪であった、野蛮であったと「全否定」したのです。

こういうことは、人類の歴史では決して珍しいことではありません。多くの民族において、戦争、闘争に勝った方が歴史を書くものなのです。勝者は、自分たちを正当化しないと奪った政権を維持できないからです。

「関ヶ原の合戦」で敗者となった薩摩・長州も全く同じでした。彼らは、徳川に政権を獲られた怨念に突き動かされて徳川幕府を倒したものの、その後どういう政体を採り、どのような社会を創るのか、その青写真とも言うべきビジョンや構想を何ももっていなかったのです。何をどうすればいいのか、何も分からなかった。明治を誰よりも賛美してきた司馬遼太郎氏もこの時の討幕勢力＝薩摩・長州勢力の状況を指して、「勝者の虚脱感」という言い方をしています。

となると、まず行うことは、前政権の「全否定」になるのです。理屈抜きで、徳川政権の時代はすべてが間違っていたと断定することであったのです。

天皇を徹底的に利用した彼らは、その手前「復古」というキャッチフレーズを激しく唱えましたが、その実、討幕に当たっては大英帝国の支援を受けていました。そこで、徳川政権の時代はすべてが間違っていたとすると同時に、「すべてが野蛮であった、遅れていた」とひと言で決めつけ、これを埋め去る必要があったのです。

政権を獲った薩摩・長州の新政府は、「復古」から一転して極端な欧化主義を採り、多くの西欧人を「お雇い外国人」として招聘（しょうへい）します。今でいう「東大医学部」で教鞭をとったドイツ人エルヴィン・フォン・ベルツ（１８４９～１９１３）もその一人ですが、彼が残した『ベルツの日記』（岩波書店改訳版）には以下のような記述があります。

　現代の日本人は自分自身の過去については、何も知りたくないのです。それどころか教養ある人が、それを恥じてさえいます。「いや、何もかもすっかり野蛮なものでした」と私に言明した者があるかと思うと、またある者は、私が日本の歴史について質問した時、きっぱりと「我々には歴史はありません。我々の歴史はいまからやっと始まるのです」というふうに言ったのです。

近年「自虐史観」という言葉が流行りましたが、これこそ何という自虐的なメンタリティでしょうか。これが、幕府を倒した薩摩・長州勢力の、いわゆる当時の新興階級の人びとの態度でもあったのです。お気づきでしょうが、大東亜戦争に敗れ、ＧＨＱ（連合国軍最高司令部総司令部）が日本を支配した時も、日本人は全く同じようなことを言っています。

ベルツ博士は明治九（１８７６）年から三十年弱滞日した知日家ですが、一般には温泉療養を普及させたことで知られており、草津温泉や伊香保温泉には彼の足跡がたくさん残されています。彼は、このような自国を蔑む明治新政権の人びととの態度に激しく怒っています。また、近代史家の渡辺京二氏は、名著『逝きし世の面影』（平凡社）で次のように述べています。

われわれはまだ、近代以前の文明はただ変貌しただけで、おなじ日本という文明が時代

> の装いを替えて今日も続いていると信じているのではなかろうか。つまりすべては、日本文化という持続する実体の変容の過程にすぎないと、おめでたくも錯覚して来たのではあるまいか。（中略）日本近代が経験したドラマをどのように叙述するにせよ、それがひとつの文明の扼殺（やくさつ）と葬送の上にしか始まらなかったドラマだということは銘記されるべきである。

渡辺氏の視点は非常に重要で、私が江戸時代を指して「埋め去られた」と表現するのは渡辺氏のこの見方に全く同意するからです。

つまり、私たちが今知っている江戸時代とは、「明治近代」が表現したものに過ぎず、それは著しく自虐的で、正当な歴史の見方からはほど遠いものなのです。もっと突き詰めれば、私たちは真の江戸時代の姿を殆ど知らないと言っても過言ではないでしょう。

江戸期という「近世」そのものの時代は、その助走期と余韻がそのまま残った時期を含めれば、実質的には約三百年もの永きに亘（わた）ります。これを具（つぶさ）に述べるには膨大な紙幅を要することでしょう。本書では、できるだけ江戸期を特徴づけたものを俯瞰して、時代の「大意」を掴むことに留意しました。それは恐らく「表層的である」という批判を受けるかも知れませんが、歴史を検証したり、そこから何かを学ぼうとするならば、一つ二つのディテールを知ることも重要ですが、まずは「時代の大意」を把握することが大前提として必要になります。

土中深く埋め去られてしまっている江戸を、そのままの姿で掘り起こすことが可能かどうか、私には分かりません。しかし、細くてもいいから何本も何本もポールを打ち込み、そこから「江戸のエキス」を吸い上げることはまだ可能なのではないかと考えているのです。そして、そのエキスから次の時代に必要な、まるでＤＮＡのような時代の構成要素を取り出すことも可能なのではないでしょうか。

近年、「共生社会」などと言って、自然との共生ということがさも進歩的であるかのように語られています。これを江戸人が聞いたら、目をむいて驚き、怒ることでしょう。平成人は、何と傲慢(ごうまん)なことを言うのかと。

自然との共生とは、自然と人間を同等の立場に置かないと出てこない思想です。江戸人はそのようなおこがましいことを考えなかった、彼らは、「人間も自然の一部に過ぎない」と考えてきたのです。

為政者が言う「天道(てんどう)」という考え方、庶民が日々使い、行動指針とした「お天道様(てんとう)」という言葉。これらはすべて、人間も自然の一部に過ぎないという、「自然の身の内」に入り込んで生きてきた伝統的な心情から生まれたものなのです。

日本人の日本人たる所以（ゆえん）、即ち、日本人のアイデンティティとは、このような自然観から生まれたはずなのです。

私たちは、そろそろ西欧人から借りた眼鏡で自国の過去をみることを止（や）め、自分たちが体内に受け継いでいるはずの民族としての独自の思想で自国のこの先をデザインする時代に差しかかっているのではないでしょうか。

※本文中の年齢は、注記のない限り数え年で表記しました。

日本人が知らされてこなかった「江戸」
世界が認める「徳川日本」の社会と精神／目次

第一章

江戸の遺産

1　昭和の里山にみる江戸の名残り

いきなり私事で恐縮ですが、私は京都・伏見で生を享けましたが、まだ幼い時期に近江・琵琶湖の東（湖東地方）、石田三成の居城が在った佐和山の麓に移り、旧中仙道沿いの、今の言葉で言えば「里山」と言われる小さな村で育ちました。当時は里山などという小綺麗な表現はなく、そこは文字通りの単なる「田舎」でした。

振り返りますと、そこでの私の幼少期の生活、即ち、当時の田舎の生活とは江戸期と殆(ほとん)ど変わっていなかったと思います。

こういう言い方をすると、またオーバーなことを、という反応がまず普通でしょう。中には、嘘っぱちと決めつける方がいるかも知れません。

日々の生活の具体的な形をお話しした方が、理解していただくには早いでしょう。

例えば、夏にクーラーなどは勿論、扇風機もまだありませんでした。とすれば、冬に暖房となる空調は勿論、ストーブもあるはずがありません。冷蔵庫や掃除機もまた然(しか)りです。

ではどうやって暖を取り、涼んでいたのか。

夏は団扇(うちわ)、冬は炭火火鉢、それだけでした。団扇でパタパタやって涼しくなるか。それが、なったのです。手をかざすだけの火鉢で積雪一メートルの冬に多少なりとも温まったのか。確かに温かくなったのです。

今風の表現で「気持ちの問題」と言いたいところですが、これは少し違うような気がします。要するに、夏は団扇、冬は火鉢しかなかったのです。それしかないとなれば、団扇でパタパタやれば涼しく感じ、火鉢に両手をかざせば全身が僅かでも暖気を感じるものなのです。それしかないと、端（はな）から思い込んでいましたから、いや、暖房機器や扇風機などのことを全く知りませんでしたから、団扇と火鉢の生活が成立していたのではないでしょうか。

田舎の家屋というものは、我が家に限らず隙間が多いものです。貧乏な我が家は特に多かった気がします。それは、隙間と言うには少し広過ぎたようにも思います。

冬の夜は寒風が吹き込んできて、これは一つの〝試練〟でしたが、夏は夏で困ったことが起こるのです。

こういう田舎にも、昭和も二十年代ともなるとようやく明治近代の余波が及んできていて、電気だけは通じていたのです。これはこれで大変な文明であったのですが、しょっちゅう切れる裸電球の下で夕食ともなると、どこにでもある隙間からさまざまな虫が裸電球めがけて飛び込んでくるのです。やぶ蚊だけならともかく大概（たいがい）の昆虫類から異様に大きい蛾（が）、合間に黄金虫（こがねむし）までが裸電球に激突するものですから、夏の夕食は基本的に騒々しいものでした。

飛び込んできたという表現は当たりませんが、食事中にヤモリが突然ボタッと落ちてきたり、土間へ水を汲みにいくと、タヌキが子連れで入り込んでいたりしたものです。

当然、夏の夜は蚊帳がないと寝られたものではありません。やぶ蚊の大部分はハマダラカで、これは刺されても大きく、赤く、派手に腫れ上がってかゆいだけで大過はありません。日暮れまで走り回って遊んでいた私どもの両腕は、夜になってもまだボコボコに腫れ上がっていたものです。毎日刺される回数を数えたこともありませんが、誰もが百回程度は刺されていたでしょう。百回でも二百回でも、それがハマダラカだけなら特段の問題はないのです。その中にアカイエカが混じっていた場合が問題なのです。この蚊は日本脳炎を媒介し、不運にも死んだ子もいました。

日本脳炎で死んだり、狂犬病や破傷風、更にはマムシにかまれて死んだり、時には溜池で溺れ死んだりということは田舎では珍しいことではありませんでしたが、田舎者の私どもは、そういうことは運だと思っていたところがあったように思います。平成の世では、ハチに刺されることがニュースになるから驚きです。それがニュースとして成立するなら、私ども田舎の子は既にヒーローであったと言わねばなりません。

いずれにしても、夏の夜に蚊帳は必需品でした。蚊帳の中で、夏の夜の寝苦しさに悶々としていると、やはり屋内に入り込んできた蛍が列を成して蚊帳の縁にとまり、青く白く点滅します。これだけは、美しかった。蛍は、水が綺麗でないと生息しません。まだ農薬を使っていなかった時代ですから、水だけは化学的にも美しかったのです。

そもそも私の育ったこの里山の村は、旧中仙道沿いに四十戸ばかりの、敷地だけは広い農家が集まって成立していたのですが、村内にお金＝現金を使って何かを買うということができる家が存在しませんでした。早く言えば、物財を販売する「店」というものが存在しなかったのです。

田舎者でも、時に肉が食べたくなるものです。鶏肉は裏庭へ行って、どれか一羽を絞めればいつでも食べられましたが、肉といえばやはり牛肉です。農作業の使役用の牛を飼っている家は存在しましたが、これは食肉とはなりません。第一、牛の屠殺は鶏のようにはいかないのです。

そこで、牛肉を食するとなると、母が坂道を下って彦根の城下まで徒歩で出かけていって買い求めてくることになるのです。城下までは、ほぼ一里の距離を歩かねばなりませんでした。これは、下手をすれば「一日仕事」であり、今想えば、母にしてみれば難儀な仕事であったに違いありません。里山の子が牛肉を食するには、最低限これだけの労働と、日頃はあまり使うことのない現金を必要としたのです。

肉だけでなく海産物も同様でした。川魚だけは、村を貫流する川で十二分に賄えます。

私どもガキ仲間が下流から水源に近い上流まで、２時間もかけて魚を手掴みしながら上っていけば、その夜の食卓の恰好をつけるだけの収獲は得られたものでした。我が家では、三十匹前後の川魚を獲ってきて、それをそのまま天ぷらにすれば一家は幸せな夜が過ごせたのです。

しかし、海の魚や鯨肉は、やはり城下へ出向いて入手するしかなかったのです。城下とは、それが賊軍のそれであったとしても都市、少なくとも文明化された町であったのです。

余談になりますが、鶏肉は自前でどうにでもなるとはいっても、田舎で鶏肉を食するのは一年にそうそう何度もあるわけではありません。何かお祝い事があって父の機嫌がいい時とか、親戚が泊まり掛けで来訪した時など、非日常に属する出来事があった日に限られていたという記憶があります。

そういう時、鶏を絞めるのは男の子の役割でした。厳密に言えば、絞めて、首を落とすところまでが男の子の役割だったのです。そのあとは、つまり、羽をむしり、火に炙って羽のない状態を完璧にしてから鶏を「捌く」のが、父親の役割であったというわけです。

余談はともかくとして、どうでしょうか、このような日々の生活を「江戸時代と殆ど変わらない」と言っても、決して誇張とは言えないのではないでしょうか。

更に一つ、意外に重要なことを付け加えておきます。トイレが当然汲み取り式であったということです。

江戸期には、武家の子弟に限りますが、「元服」とか「番入り」という通過儀礼があったことをご存じでしょう。これとは若干異なりますが、田舎の子にも、きっちりした通過儀礼ではありませんが、幼年から少年へと成長するに伴って、もう幼子（おさなご）ではない、立派な子供（少年）であると認められる幾つかの「資格」があったのです。勿論、これは私の育った田舎の話であり、全国的な共通性をもつものではないかも知れません。加えてそれは、農村特有のものであったと言えます。

目安となった年齢は、十二歳前後であったと思います。これは、いよいよ小学校も終わって中学生だ、などという占領軍の定めた新制の学制を意識したものではありませんでした。実質的には現在の占領軍学制と変わらないのですが、当時の私の周囲の大人たちの感覚では、十二歳という年齢はいよいよ尋常小学校六年間を終え、この先は旧制中学校を受験するか、それとも高等小学校（二年間）へ進むか、或いは後に学費が要らない師範学校を目指すかという、重大な岐路に立つ歳であったのです。

維新以降、ひたすら対外膨張を目指してきた近代日本がいよいよその末期（まつご）に向かって狂奔（きょうほん）し始めた昭和十六（１９４１）年、尋常小学校は「国民学校初等科」と名称を変え、高等小学校も「国民学校高等科」となっていましたが、これは敗戦までの僅か四年間のことであり、私の父などの意識には定着していなかったのです。

では、江戸期さながらの生活を送りながら、明治近代政府の定めた尋常小学校を終えるに当たって、親は、いよいよ「一人前の少年」になろうとする男の子に何を期待し、具体的に何をその「資格」としたのでしょうか。

あくまで私の育った環境内のことではありますが、当の私自身が意識せざるを得ない「資格」が二つ存在したのです。

因(ちな)みに、鶏を絞めることは、ここで言う「資格」というほどのことではありませんでした。

皆さんは「くだらない」と、笑うに違いありませんが、一つは米俵一俵をヒョイと肩まで担(かつ)ぎ上げて数メートル以上歩けるということであったのです。

米俵一俵。平成も終わろうとする今、この現物を一度でも見て、これに触れたことがある人は、一体何割いることでしょうか。恐らく六十代未満の方、即ち、五十九歳以下の方は知らないと勝手に推断しますと、ここで「俵」という単位の成立ちやその変遷に触れても鬱陶(うっとう)しい思いをされるだけでしょう。

知らないという皆さんに、非は全くありません。というのも、昭和二十六（１９５１）年、私が五歳の時に定められた「計量法」によって、これは「非法定計量単位」として使用が禁止されているからです。この時、日本人の生活にとっては合理が存在した尺貫法も使用禁止となってしまいました。「俵」は、その尺貫法の体系からも独立した特殊計量単位であったのです。

しかし、占領軍の手足としか映らなかった戦後のお上が何と定めようと、百姓の世界ではそうはいきませんでした。いきなり「俵」を禁止すると言われても、実務ノウハウや取引慣行というものは直ぐには消滅しないものなのです。

結論を言えば、米俵一俵は通常60キログラムです。60キロという重さを、ヒョイと肩まで持ち上げ、歩けたかという問題なのです。

練習したわけではありませんが、カマキリのような細身でありながら、私はこれはできました。こういうことを一人でこっそりやっても意味はなく、実際に家人の目の前でやってみることを求められたのです。

問題は、もう一つの「資格」です。結論を先に言いますと、これも私はクリアしました。その結果、私はもはや幼子ではなく、「一人前の少年」として認められたのです。

その資格とは、肥桶（こえおけ）を両天秤（てんびん）に担いで、田圃（たんぼ）のあぜ道を歩けるかどうかという、実に農村らしいものであったのです。

江戸期社会が「持続可能な仕組み」、つまり、サスティナブルな社会構造をもっていたことは、近年になって世界的に評価され始めたことです。それは、具（つぶさ）に観察すると、実に精（せい）

緻（ち）にできていて、驚くべき高度な文明と呼ぶべきものであったと高く評価する学者も多くいます。

それは恐らく、西欧近代文明によって行き詰まった人類社会の崩壊を防ぐ唯一のヒントを含んでいるもので、それ故に世界の学者、研究者が注目しているのです。

この江戸期社会の「持続可能性」を支えていた重要な要因が、実は森林資源の利用・保全と人糞の活用なのです。

社会システムやそれを成立させた価値観の要因というものは、二つの要因、三つの要素などと単独で数えて指摘できるものではありません。それぞれが複雑に、或いは精緻に絡み合っているものであって、その背景には江戸期社会を支配したパラダイム（社会の基盤を成す価値観）が存在したはずです。

従って、森林資源の利用・保全と人糞の活用と、具体的に二つの要因だけを挙げるのは、学問的には危険なことかも知れませんが、これがなければ江戸の「持続可能性」が成立していなかったことは確かなことなのです。

私は少年と認められるかどうかというターニングポイントとなる時期に、江戸期の百姓と同じように肥溜めから下肥（しもごえ）を肥桶に汲み移し、二つの肥桶を天秤棒の両端に吊るして、細くて柔らかい田圃のあぜ道を、田圃にひっくり返って肥桶の下肥を頭からかぶるというような悲劇に遭うこともなく、バランスを取りながらひょいひょいと運んでいたのでした。

人糞でいっぱいになった肥桶二つは、測ったことはありませんがかなり重いものです。天秤棒は、うまくしならせてこそ有用なものです。益して、田圃のあぜ道、これができれば、米俵一俵を持ち上げて運ぶこと以上に、即戦力と見做されたのです。江戸期流に言えば「番入り可」ということになるのです。

かくして私は、尋常小学校修了と同じ時期には、何とか無事に幼子を脱し、一人前の少年と認められました。次の成長ステップへ進んでいいという「資格」を得たと表現してもいいでしょう。

子供に資格を与えるかどうかを判定するということは、親に、或いは大人に「評価する資格」があるかどうかという問題でもあります。

江戸期同然の、非文明的と言われそうな近江湖東の里山で繰り広げられていた日々の営みに潜んでいた子供を育て上げるというこの生活を、平成の親は何とみるでしょうか。

時は、昭和二十年代後半から三十年代前半のことでした。

2　平成と幕末の時間距離

私の田舎生活が殆ど江戸期の生活に近かったことは、多感な少年時代後期になると私にとってはコンプレックスの一つとなりました。昭和三十年代の半ばに差しかかると、日本はいよいよ高度成長期の胎動を始め、それは急速に湖東の里山にも押し寄せてきたのです。近代工業社会においては、都市化することが正義であり、進歩であって、田舎とは「後進地域」「封建的」ということの代名詞となっていったのです。

戦後、日本人がしきりに使った「封建的」という言葉は、本来一つの経済社会システムのことを指す言葉ですが、戦後日本人はそれを全く理解しないまま単に「古い」「遅れている」という意味でのみ使っていたのです。

私の育った美しい、長閑（のどか）な里山は、日本初の高速道路＝名神高速道路とそのインターチェンジ建設工事と〝夢の超特急〟＝新幹線の敷設（ふせつ）工事が重なり、文字通りズタズタに切り崩され、彩りを失った無残な農村と化したのです。

ある日、一台のブルドーザーが山の頂（いただき）に運ばれ、そのブルドーザーが上から山を崩し始め、あっという間に一つの山が消滅する様を、私はこの目で鮮烈に見届けています。それは、薩摩・長州が創った「明治近代」による、私を育んだ「小さな江戸」の破壊であったとも言えるでしょう。

ここから日本は、加速をつけて均質化された工業社会へと邁進していったのです。

しかし、明治維新という出来事の虚構をあばき、江戸期日本の独自性を整理しようとしている今の私にとって、今は幽かな記憶の中にしか存在しないあの色彩豊かな静止画のような「小さな江戸の農村」での生活は、大きな助けになっていると感じています。

と言いますのも、あの環境で生きてきたからこそ、江戸期を伝える資料や史料に接しても、皮膚感覚でそれが伝えることを理解できることがあるのです。別の言い方をすれば、あの頃の生活によって身についている感覚が、私の江戸期全体への洞察を助けてくれるのです。その意味では、私は自分の境遇に感謝しなければなりません。

今更ですが、私が小学校へ上がる前年、昭和二十七（１９５２）年、「サンフランシスコ講和条約（対日平和条約）」が発効し、日本はようやく連合国軍（実質的にはアメリカ軍）による占領から解放されました。一般には、これを以て日本が「独立を回復した」と言われていますが、国際法の上ではようやく公式に「戦争が終結した」に過ぎず、またこの条約によって公式に東京裁判を受け容れたに過ぎないのです。

この問題は、明治維新という過ちの延長線上にある、現在の日本が抱える大問題として別の書き物に譲ります。

ここで考えたいことは、ようやくアメリカ軍の占領が形式的であっても終わったこの時、明治維新という軍事クーデターからまだ八十年強しか経っていなかったということ、そして、この敗戦を招いた大東亜戦争に突入した時（昭和十六年―1941）は、同じく七十年強しか経っていなかったという、「時の経過」のことなのです。

更にそれから、七十年という月日を経て、今年平成三十年は、あの軍事クーデターから百五十年という一つの節目を迎えているわけです。

昨年来、現政権は、これを祝賀する国家行事をいろいろ企画してきました。当初「明治維新百五十年」と銘打って、国家としてこれを祝うことを企図し、「文化の日」を「明治の日」と名称変更することも考えるなど、歴史に対する何の思慮もなく、明治維新礼賛、明治精神への回帰をキャンペーンとして大々的に展開したかったようです。実際に、既にキャンペーンロゴも制作し終わっています。

ところが、さすがに後ろめたさがあったのか、「維新」という言葉だけを避け、「明治百五十年」と言い換えて当初の意図を通そうとしているのです。明治維新を祝っているのではない、明治という近代になって百五十年なのだと、例によって言葉の上だけで取り繕（つくろ）おうとしていることは明白です。

確かに、「維新」という言葉は、水戸学由来の言葉で、「天誅を手段としてでも～」という意味を内包しています。世の中を変えるには、テロリズムも肯定するという思想が生んだ言葉なのです。私は、「維新」という言葉を冠した政党が生まれた時、ビックリしました。まさか！　と思いましたが、これは、その政党を立ち上げた政治家が単に無知であっただけのことだったのでしょう。そう思わなければやり過ごせる話ではなくなります。

私は、節目の年に何らかのアピールをすることに無条件に反対しているわけではありません。ただ、常日頃主張しているように、私たち日本人は、百五十年経った今も、まだ明治維新という出来事について、またその後の軍国の歴史について、自ら何ら検証作業を行っていないのです。今や、学校教育が教える明治維新というものが、隠蔽と捏造の産物であり、史実からはほど遠いものであることは私だけでなく、多くの学者や研究者、作家が指摘している通りなのです。詳しくは、拙著『明治維新という過ち』(毎日ワンズ・講談社) などをご覧いただければ理解していただけるものと信じています。

明治精神への回帰などと叫んでいる政治家がいますが、これはそっくりそのまま、ヒトラー台頭期に我が国で力を得た「昭和維新」運動のスローガンです。この「昭和維新」運動こそが「明治維新」という言葉を一般化させたという経緯があり、この「維新」運動が明治憲法を骨抜きにして〝神性〟天皇原理主義を国民に押しつけることによってカルト国家とも表現すべき異常な軍国日本を創り上げ、国家を敗戦へと導いたことはつい昨日のことではありませんか。

そういえば、明治五十年を祝ったのは寺内正毅（まさたけ）内閣、明治百年は佐藤栄作内閣でした。そうです、いずれも長州内閣です。そして、平成三十年。これを、「偶々（たまたま）そういう巡り合わせ」とは、誰も思わないでしょう。

百五十年を節目と考えるならば、これを機会に今からでも真正面から歴史と向き合い、真摯（しんし）にこれを検証することを始めてはどうでしょうか。一度はそれをやるべきなのです。そういう性格のものであるならば、百五十年という年のアピールも意義のあるものになるに違いありません。

ここで普通に「歴史」という言葉を使っていますが、百五十年前とはそれほど昔のことでしょうか。

平成生まれの方にとっては、江戸時代、室町時代といった歴史の中の一つの時代に入る時間距離をもつものかも知れませんが、私のような年代の者にとっては微妙なものがあるのです。

例えば、新撰組の永倉新八をご存じでしょう。長州を中核とした反幕テロリストによる凄惨（せいさん）なテロリズムが横行した幕末の京都で、京都守護職会津藩主松平容保（かたもり）御（お）預（あずかり）の警察組織と

新撰組 永倉新八

して京都の治安維持に当たった新撰組。永倉は、その新撰組の生え抜きの隊士として知られています。反幕勢力の御所焼打ち、天皇拉致（らち）を未然に防いだ「池田屋事変」（元治元年―１８６４）の際には、近藤勇、沖田総司、藤堂平助と共にたった４人で池田屋屋内に斬り込んだ猛者（もさ）でもあります。

この、天保十（１８３９）年生まれの永倉が死去したのは、大正四（１９１５）年一月のこと、今風の満年齢で言えば、七十五歳でした。

大正四年といえば、また私事で恐縮ですが、私の父が生まれた年です。私の父が生まれた年に、幕末動乱の修羅場を生き抜いた新撰組永倉新八が他界しているのです。

このように、歴史の中の人物と考えられている新撰組の永倉新八の没年と自分の身内である父の生年が同じであることを考えると、歴史と呼んでいる人や事柄と現在との時間距離というものを意外に近く感じるものです。そうすると、新撰組や永倉新八が一気に身近なものに感じられるようになります。

つまり、百五十年前、明治の始まりや江戸の終わりと平成三十年という現在との時間距離とは、〝たかだか〟そんなものなのです。

なお、新撰組でもっとも〝遅くまで〟生き残ったのは、稗田利八（ひえだりはち）で、昭和十三（１９３

８）年、満八十九歳まで生きました。稗田は、永倉のような生え抜きの隊士ではなく、土方歳三が新隊士募集のため二度目の江戸東下（とうげ）した時に応募して採用された隊士です。それは、慶応三（１８６７）年のことで、稗田はまだ十九歳、京都へ向かおうとしている時に十五代将軍徳川慶喜（よしのぶ）が「大政奉還」の上表を上程するという、幕末ももうギリギリの時期であったのです。

作家の子母澤寛（しもざわかん）氏は、昭和四（１９２９）年、八十一歳になっていた稗田に直接取材しています。稗田の語ったことは、土方の募集に応じた人数などが記録と一致するところから、かなり正確であったとの評価があります。そうなると、稗田は土方の「面接」を受けていますから、稗田の証言をベースにした子母澤寛氏が描く土方歳三の一面も実像に近いものであると考えることができるのです。

稗田が没した昭和十三年とは、支那（しな）事変（日本側公式名称の上では大東亜戦争の一部）に突入した翌年であり、彼は自分が対峙した長州勢力が創った「明治近代」が如何（いか）にして亡国に向かって対外膨張の道を突っ走っていったかを具にみていたことになります。

もう一人の人物の例を挙げておきましょう。

上総請西（かずさじょうざい）藩主林忠崇（ただたか）。今の木更津に在ったこの藩は、僅か一万石の小大名でしたが、家格は譜代（ふだい）でした。林忠崇は、稗田が新撰組に入隊した慶応三年、弱冠十九歳で家督を継ぎましたが、翌慶応四年、幕府「遊撃隊」から支援を要請され、何と家臣五十九名と共に脱藩して「遊撃隊」に参陣したのです。殿様自らが脱藩してまで薩摩・長州勢力に抗戦した例は、この請西藩林忠崇を除いて他には例がありません。

彼は、通称箱根戦争、館山戦争、伊豆戦争を経て奥州まで転戦し、最終的に徳川家が駿府で存続することが決まってから降伏したのです。そこから波乱に満ちた生涯を送ることになりますが、昭和十六（１９４１）年、満九十二歳まで生きたのです。

昭和十六年といえば、大東亜戦争が勃発した年、私の生まれる僅か五年前です。彼もまた、徳川政権を倒した薩摩・長州政権が、「開化」「近代化」の美名のもとに如何に間違った国家を創ったかをずっと見守って生き続けたのです。

幕末動乱の中で、薩摩・長州勢力の反乱に抗戦した大名が私の生まれる僅か五年前まで生きていた……この事実は、私に江戸の最期＝幕末と自分との時間距離の短さを、皮膚感覚として教えてくれたのです。

歴史を学ぶとは、決して年号を暗記することではありません。そして、幕末動乱と現在との時間距離＝百五十年とは、〝せいぜい〟こんなものなのです。

3　生身の人間の営みを知る

歴史というものは、今の私たちと同じ人間が喜ぶ、悲しむ、怒るなど、さまざまな感情を抱き、その感情を動機として、或いは背景要因としてさまざまな営みを積み重ね、その堆積で成り立っているものだと私は考えています。このことを忘れると、歴史を立体的に認識することが難しくなると思うのです。私はよく「斬ったら赤い血が流れる生身の人間」というフレーズを使いますが、江戸期社会を考えるについても、江戸人が今の私たちと全く同じように、「斬ったら赤い血が流れる生身の人間」であったことを忘れてはならないのです。

そんなこと、当たり前じゃないかと思われるかも知れませんが、溢れる江戸や幕末の歴史書、研究書をみてみると、これが意外に無視されていて無機質な歴史を語っていることが多いと感じています。それによって、重大なポイントを見逃していることが、これも意外に多いのです。

今のお粗末な学校の歴史教育では、「江戸幕府は１６０３年に開かれました」「江戸時代は１８６７年の大政奉還で終わりました」などという表層的なことしか教えていないことが多いようです。

江戸開府が１６０３年であることは史実として間違っていません。しかし、これは西暦です。今では西暦の方が日常生活の上でも普通であり、和暦より理解し易いという人が増えていますから、これはこれでいいでしょう。

これを和暦で表現すると、１６０３年とは慶長八年に当たり、この年の二月（旧暦）に徳川家康が征夷大将軍に任じられ、私たちはこれを江戸開府とし、ここからの時代を江戸時代と呼んでいるわけです。

では、慶長という時代にはどういうことがあったかといえば、慶長二（１５９７）年に第二次朝鮮出兵とも言うべき「慶長の役」が始まり、翌慶長三年に豊臣秀吉が没しました。そして、慶長五（１６００）年に「関ヶ原の合戦」が勃発し、毛利輝元、宇喜多秀家、島津義弘、小西行長、石田三成、大谷吉継などの連合軍が、徳川家康、徳川秀忠、福島正則、黒田長政、伊達政宗、藤堂高虎、山内一豊などの連合軍に敗れるわけです。

更に、慶長十（１６０５）年には徳川秀忠が征夷大将軍となり、下って慶長二十（１６１５）年の「大坂夏の陣」敗北によって豊臣家が滅亡します。

このように、慶長という和暦を加えるだけで、豊臣から徳川への権力移行の流れが理解し易くなるのです。そして、慶長の次の時代が元和となるのですが、何故ここで改元したのか、このこと自体が重要な意味をもっているのです。

ここへ、登場人物を「生身の人間」とみる視線を当てれば、歴史はもっと分厚くなるはずです。

例えば、「関ヶ原の合戦」に敗れ、敗走する石田三成は下痢に苦しんでいたとされます。恐らく合戦の最中から、その気配があったのではないでしょうか。極度の緊張感、つまりストレスからきたものであろうと考えられるのです。このことを、それ以前の三成の行動と結びつけて考えると、石田三成という人物の性格が概要だけでも浮かび上がってくるのです。

下痢といえば、西郷隆盛もストレスによる下痢・腹痛に悩まされており、征韓論をめぐる「明治六年政変」の時に、三条実美（さねとみ）に会うことになっていたのにひどい下痢で会えなかったことがあります。このことが、実に微妙であったこの時の政局にどういう影響を与えたかはまだ断定できませんが、私は全く影響がなかったとは思っていません。何よりも、西郷という人物の性格を推（お）し量（はか）る上で重要な要因でもあるのです。

偶々下痢の話になりましたが、要は、歴史というものを、「生身の人間の営みの積み重ねでき上がったもの」としてみることが必要だと訴えたいのです。「生身の人間」なら当然喜怒哀楽という感情をもっており、熱も出せば下痢もするでしょう。「忠臣蔵」でお馴染みの赤穂藩主浅野内匠頭（たくみのかみ）が殿中（でんちゅう）で刃傷（にんじょう）に及んだのは持病の精神疾患が原因とする説がありますが、武家であれ誰であれ、人は病気もするのです。それが原因で発生する事件も当然あるわけです。これらのことは、今を生きる私たちと、基本的には同じだということなのです。民俗学という学問ジャンルがあります。日本の民俗学は、柳田国男をその祖として発展したと言っても過言ではありません。柳田民俗学とも言われるほど、開拓者としてのその功績は大きいものがあります。

しかし、柳田民俗学では被差別民や漂泊民、同性愛などを含む性愛といったジャンルは扱いません。あくまでも「官の民俗学」であって、人間の生々しい生の営みに視線をやることは、殆どないのです。柳田国男自身が貴族院の書記官長や枢密（すうみつ）顧問官を務めた官僚であったことを思えば、「官の民俗学」という評価も決して誤りとは言えないでしょう。

これに対して、もともと柳田の門下生であった宮本常一は、柳田民俗学が無視した性愛の部分にまで踏み込んでいます。西日本で盛んであった夜這い（よばい）の研究では、他の追随を許さないものがあり、豊富なフィールドワークをベースにして時に処女率まで計算しているのです。歴史学には、正史と稗史（はいし）という区分がありますが、これに照らせば柳田民俗学は「正民俗学」であり、宮本民俗学は「稗民俗学」と言ってもいいでしょう。「稗」とは「卑しい」という意味で、「稗史」とは「正史」の立場から見下して表現した言葉に他なりません。

この民俗学における区分を歴史の検証に当てはめれば、私の主張は「稗民俗学」と同じような扱いを受けるかも知れませんが、私は「稗史の精神」というものを大事にしています。

「生身の人間の営み」というものを重視する私は、「稗史の精神」なくして歴史を語ることはできないとさえ考えているのです。

江戸という一つの時代を考えてみても、武家がいれば公家もいるし、百姓や商人だけでなく、女郎（じょろう）も博徒（ヤクザ）も、それぞれ必死の生の営みを積み重ねていたのです。可能な限り、そのすべてを視野に入れて歴史を考えたいものです。

4 海外で評価される「徳川日本」

私が明治維新という出来事の実相、実態を提示し、歴史を検証する必要性を『明治維新という過ち』という書き物で訴えた時、多くの支持をいただくと同時に、猛烈な、激しい反発を受けました。

いつの時代も、支持という立場は穏やかで冷静なものですが、反発という立場は、声が大きく、激しく、時に過激なものです。私に対するさまざまな形での攻撃も、非常に感情的に激しいものがありました。

右傾化、或いはナショナリズムの高揚は世界的な現象ですが、実はこれもパラダイムシフトという文明の転換期に起こる社会現象の一つに過ぎないという見方もできるのです。

ヨーロッパ各国では、時の政権やこれを支持している多数市民がこの危険性を経験的によく知っており、極端な右傾化にはブレーキをかけていますが、これまで歴史の検証ということを怠ってきた我が国ではちょっと様子が違うようです。政権そのものが、かつて軍国日本のエンジンとなった「昭和維新」運動と全く同じように、「明治への回帰」を目指しているからです。戦後のこれまた極端な左翼化も大きな禍根を残しましたが、検証を怠り「標準軸」を失った社会は、常に極端から極端へぶれることだけを繰り返しますから、この悪循環から脱することは私たち日本人の民族的課題であると言ってもいいでしょう。

こういう社会のスタートとなった明治近代が、前時代の江戸期を、論拠もなく「全否定」してしまったことは、既に述べました。

ところが、江戸期を支えた徳川政権の治世＝徳川日本とは明治近代が決めつけたような因循（いん じゅん）な社会でも固陋（ころう）な社会でもないことを指摘し、冷静にその優れた側面を見出したのは、海外の学者や研究者でした。

例えば、参勤交代。

この制度は、詳しくは第三章で述べますが、三代将軍徳川家光の治世下で制度化されたものです。江戸と国許（くにもと）の一年おきの移動は、大名に重い経済的負担を課し、その財力を削ぐために行ったもの、というのがこれまでの一般的な解釈でした。

つまり、大名が幕府に反旗を翻(ひるがえ)すことを防止する目的で強制したものとされてきたのです。私自身も、学校教育でそのように教わってきました。

しかし、これも明治近代の論拠の薄い解釈であり、幕府の意図そのものについても解釈が間違っています。

この実態を明らかにした一人として、アメリカの日本近世研究家コンスタンチン・ヴァポリス氏を挙げることができます。社会史、文化史を専門とする彼は、日本人学者が法制史、制度史という側面でしかみてこなかった参勤交代を社会史、文化史という観点から見直し、参勤交代の全体像を初めて精緻に描き出したのです。

ヴァポリス氏の著書『Tour of Duty（日本人と参勤交代）』（柏書房）の監修に当たったM・ウィリアム・スティール氏は、

「海外の、特にアメリカ人の日本学研究者は、日本語の論文をよく読みます。ちょっと言いにくいのですが、日本人の日本史研究者の多くは、英語で発表された日本史研究論文を読まない、または知らないということが、本当に残念です」(同書)

と語っています。

その前に参勤交代については、それを論じる書籍そのものが少ないと言われています。このことは、例えば国会図書館のようなところへ行くとよく分かるでしょう。恐らく、ですが、日本人学者は参勤交代については政治史的に既に答えが定まっていて、これ以上の発見や面白みがないと感じているのではないでしょうか。

　また、ヴァポリス氏は、絵画を中心とする芸術的知識や江戸考古学と言われるジャンルの知見なども加えて参勤交代を掘り下げていますが、参勤交代というテーマに限らず日本人学者は狭い範囲の専門性を重視するあまり、広角的な視点でものを見るということが苦手なような気がするのは私だけでしょうか。

　参勤交代と並んで江戸期の政治体制を支えた代表的な仕組みの一つと位置づけられてきたのが、「鎖国」です。

　私は、機会のある度（たび）に「江戸期日本は鎖国をしていない、そのような言葉も江戸社会には存在しなかった」と言い続けてきましたが、このことを分かり易く、体系的に論じたものに、やはりアメリカの東アジア近世・近代史研究家ロナルド・トビ氏の『「鎖国」という外交』（小学館）があります。トビ氏は、私が二十代の頃から日本近世史の見直しを提言し続けてきた学者です。

　日本人の間では常識となっている「鎖国＝日本の悲劇」というストーリーこそ、明治近代が創り上げた、意図的に徳川政権を貶（おとし）める物語に過ぎないのです。

　トビ氏は、

「従来の鎖国論は、日本がアジアの一員であることを無視して、ヨーロッパとの関係だけを切り離して論じていたといえるだろう。しかし、明らかに日本は東アジアに対しては国を閉ざしてはいなかったし、ヨーロッパに対しても完全に閉ざしてはいなかった」(同書)

と述べ、更に、

「幕府には、対朝鮮・対琉球・対明(清)・対オランダ・対蝦夷(えぞ)など、もっとスケールの大きな構想の一貫した対外方針があった」

ことを指摘し、

「『鎖国』というレッテル自体にこそ問題がある」

と喝破(かっぱ)しています。

江戸期に鎖国という体制が存在しなかったことは、第四章で詳しく述べたいと思いますが、実はこの誤った江戸期の対外施策に対する認識にも吉田松陰と水戸学の影響が認められることは、トビ氏自身も気づいていることなのです。

その他の〝海外の目〟も紹介しておきましょう。

江戸期社会が如何にサスティナブルな(持続可能な)生活スタイルをもっていたかを精緻に明らかにしたのは、イエール大学で日本建築やデザインを研究したアズビー・ブラウン氏です。

彼には『江戸に学ぶエコ生活術』（阪急コミュニケーションズ）という著書がありますが、このタイトルは恐らく版元が日本人読者のメンタリティだけを意識して付けたものであろうと思われます。彼の指摘していることは、単に「エコ生活」などという〝上っ面〟のことではありません。そのことは、原著のタイトルが『just enough: lessons in living green from traditional japan』というものであることを示すだけで十分でしょう。彼は、

吾れ唯足ることを知る

という精神を江戸人が日々の生活の中にどのように具現化していたかを詳らかにしてくれたのです。

彼は、断言します。

「江戸時代の日本人は実に賢明で美しいライフスタイルをもっていた。それを生んだ日本の伝統的な価値観や思考様式を理解することは、地球上のすべての人に大きな恩恵をもたらすにちがいない。江戸時代の日本人はすばらしい快挙をなし遂げ、それは世界を豊かにした。日本人はそのことを誇りに思うべきだ」（同書）

また、江戸期の「持続可能性」については、資源保護の観点から日本近世史家コンラッド・タットマン氏の存在も忘れることができません。

その他、多くの社会経済学者たちや社会運動家たちにも、江戸期日本のオリジナルな価値観を評価する人が増えてきたのが現状です。

そして、何よりも幕末から明治初期に日本に滞在していた外国人たちの多くが、江戸を讃え、その消滅を惜しんだことを記録に残していることを知っておくべきでしょう。あのハリスやオールコックさえ、その例外ではありません。

明確な意思を以て創り上げられた徳川日本とは、それほど海外に驚きと感動を与え、敬意を払われた、今も払われている社会であったということなのです。

第二章

確固とした時代のコンセプト

1　戦国期の合戦

さて、それでは明治近代政権が全否定する形で教えた江戸時代ではなく、実際の徳川治世の時代とはどういう時代であったのでしょうか。その具体像に迫っていきましょう。

そのためには、あらかじめ知っておくべきことがあります。それは、江戸に幕府が開かれる直前の時代、即ち、戦国時代の末期のことです。歴史というものは、一本の線で繋ぐことができる連続性をもっています。南北朝時代、室町時代という風に、まるでそれぞれが独立した時代であるかのような時代区分の認識は、真の歴史の流れを理解する上では弊害になることさえありますから、そもそも今の歴史教科書は根源的な欠陥をもっていると言ってもいいでしょう。

戦国末期の状況がこういうことであったから、徳川政権はこういう方向を目指したというように、その時代の現実を十分理解しておかないと、次の時代に対する理解、認識を誤ることがあるのです。ということは、本書で江戸期社会の実相を正しく整理できれば、それは近代明治という次の時代の正確な認識にも繋がっていくと考えることができるのではないでしょうか。

江戸時代直前の時代の戦国末期、まずその時代の戦の実態をみておきます。

戦国期の合戦に参加していた者は、ほんの一部、具体的には一割程度の武士と、あとは「侍」「下人」そして、徴用された百姓でした。ここでいう「侍」とは、「悴者」「若党」「足軽」の総称であって武士とは根本的に異なります。

「中間」「小者」「荒らし子」などを「下人」と総称し、彼らの仕事は槍を持ち、馬の口をとって主人である武士の戦闘を助けることでした。そして、村々から徴用された百姓は「陣夫」「夫丸」などと呼ばれ、物資の運搬に当たったのです。後世の言葉で言えば、兵站を担ったわけです。

実際の戦闘に参加するのは武士と「侍」までであって、「下人」「陣夫」には合戦に参加する資格はなかったのです。とはいえ、武士と「奉公」関係を結んでいるか否かの相違があるだけで、「侍」も「下人」もその出自は殆ど百姓であったのです。

更に、戦国期の合戦には意外に傭兵が多かったことを知っておく必要があります。世は、凶作、飢饉の連続。合戦で「刈田狼藉」に遭って、耕作できなくなったというケースも多い時代です。あとは、戦場へ行くしか食う道がないのです。

「悪党」と呼ばれたゴロツキや山賊・海賊の類も戦場に集まってきました。「侍」「下人」にとっても、百姓の次男坊、三男坊にとっても、ゴロツキたちにとっても、戦場は稼ぎ場であったということです。

特に、端境期の戦場は、百姓たちにとってこれ以外にはないという切羽詰まった稼ぎ場であったのです。商人たちにとっても、戦場はまたとない稼ぎ場でした。

戦場に商人とは意外に思われる方も多いことでしょうが、このことはひとまず措きましょう。

雑兵である「侍」や「下人」「陣夫」更には傭兵たちは、何を、どうやって稼いだのでしょうか。ひと言で言えば、人と物を掠奪したのです。物は「掠奪」でいいでしょうが、人の場合は「拉致」と言うべきかも知れません。それが稼ぎであり、合戦とは突き詰めれば「濫妨狼藉」、即ち、「乱獲り」の世界、もっと具体的に言えば「掠奪」「拉致」「放火」「強姦」の場であったのです。それを実行していたのが、「侍」以下の百姓たちであったということです。藤木久志氏は『新版　雑兵たちの戦場』（朝日新聞出版）において、次のように述べています。

> これまでの多くの研究は（私も含めて）、戦場の人や物の掠奪を見ても、捕虜や現地調達は戦争の常とし、女性や子供の生捕りや家財の掠奪にまで免罪符を与え、戦場の村の刈田や放火も「刈り働き」「焼き働き」などと呼んで、大名の戦術だけに矮小化し、戦場の

村の安全を保証する「制札」に着目しても、その裏にある村の戦禍に目を向けず、人身売買を論じても、戦場の奴隷狩りは問題にもしなかった。民衆はいつも戦争の被害者であった、という類いの記述も、至るところに溢れていた。だが、その叙述は具体的な事実との間の緊張を欠き、民衆は哀れみの対象でしかなかった。私にはその反省がある。

つまり、戦国期の戦場で繰り広げられた人と物の掠奪とは、捕虜としての掠奪ではなく、また食糧の現地調達という意味での掠奪にとどまらないものであって、奴隷狩りとしての人の掠奪、稼ぎとしての物の掠奪であったということなのです。そして、戦国前期は特に、この掠奪が合戦の目的になっていたことも多かったのです。

日本国南端・薩摩の島津氏は、北上に北上を重ね、天正十四（1586）年頃にはかつて九州の大半を支配していた大友氏を豊後に閉じ込めるまでに勢力を拡張していました。以下は、合戦に次ぐ合戦を重ねた、その過程での島津軍についての記録のごく一部です。

・五十余人討取り候、男女・牛馬、数知れず取り候
・頸数二百三十六、生捕り多し
・敵二人打取り候、この外に十五、六の童子壱人、生捕りにて、のき候

・打取二十八人、取人四十人、具足七百取る
・六十人打死、肝付の人を取ること四百人余り

「打取」とは、首を取ることですが、「生捕り」は殺さずに捕獲する、つまり、拉致することであり、これが対になっています。そして、「生捕り」の方が圧倒的に数が多いのです。このような実態は、島津軍のみのことではありません。以下は、肥後の相良氏の合戦記録の一部です。

・敵千余人打取り、いけ取り惣じて二千人に及ぶ
・打取り五人、生取り五十三人、牛馬三十疋
・伏草候て、海にすなどりに出候者、三人打取り、八人いけ取る
・小野の者、薪採り候を、七人取り候

「伏草」とは「夜討」と同様に忍びの工作であって、雑兵が掠奪目的のゲリラ戦を仕掛けているのです。海へ漁に出てきた者や山で薪を取っていた者までを生捕りにしていることが分かります。

北上して、かつて「歴女」に人気の高かった伊達政宗の戦場もみてみましょう。

・首三百余り御前へ参り候、いけどり、きりすて、そのほか数は知れ申さず候
・首八つ、いけどりあまた、とり申され候
・わたりより、鼻二十四、いけどり二十人余り、とり申し候よし御注進

伊達軍の「首取り」「鼻取り」や「作荒らし」「いけどり」などは実に大がかりで、「くさいり」「草いだし」と呼ばれた忍びの雑兵ゲリラがしきりに生捕りに励んでいたのです。なお、ここで言う「鼻取り」とは、鼻を削ぐことを言います。首を取るのは、直接的には自分の戦果を証明するためですが、討ち取った敵の首は大概腰にぶら下げます。これが三つ、四つと増えていくと重くて次が戦い難く、我が身が危険でもあるのです。そこで、討ち取った敵の鼻を削ぎ落とし、これを「敵を殺した証明」として首の代用にしたのです。首の数と同様、この数が「恩賞」に直結したのです。

戦場へ押し寄せた「侍」以下の雑兵たちは、放っておけばまず村に放火し、百姓の家に押し入って食糧、家財、そして人と、何でも掠奪しました。同時に、強姦なども普通に行われました。この「乱獲り」は、放火と人捕り、物取り、強姦がセットになっているのが普通で

あったのです。

要するに、指揮官が放っておけば、雑兵たちは確実に「乱獲り」に走ります。彼らは、そのために参陣していることを忘れてはなりません。

となると、指揮官である戦国大名は、時にこれをコントロールしなければならなくなります。組織戦を意識し、そのための組織行動を求められるようになると、百姓たちを食わせるために出陣してきた戦であっても常に野放図に放っておくわけにはいかなくなったのです。そこで「陣中法度（はっと）」を発することになります。

ところが、多くの「陣中法度」に共通していることですが、指揮・命令に反してやってはならぬ、指示の出る前に勝手にやってはならぬ、という意味の法度になっていることが多いのです。つまり、逆に読めば、作戦命令の範囲内であれば、また、許可が出れば構わないということになります。これは、屁理屈ではありません。

天正十八（１５９０）年、秀吉の命に従って北条攻めの中核を担った徳川家康が自軍に出した「陣中法度」では、「下知（げち）なくして、男女を乱取りすべからず」となっています。また、同じ北条攻めの際の加藤清正の部隊では、「御意なき以前」はやってはならぬ、となっているのです。「下知なくして」「御意なき以前」はＮＧなのです。「下知」があればＯＫということになり、事実、何らかの「下知」は出るものであり、戦国社会の「濫妨狼藉」「乱獲り」は、部隊ぐるみ、組織ぐるみの行為であったことは明白なのです。

武田信玄が信州へ攻め入った時のこと。大門峠を越えた辺り(あた)と言いますから、今の茅野市、立科町辺りでしょうか、ここで全軍に7日間の休養が通達されました。「下々(しもじも)いさむ事かぎりなし」とありますから、雑兵たちは喜びに歓声を挙げたのでしょう。早速、一帯の村々を襲って「小屋落し」「乱獲り」「刈田」を繰り広げたのです。近在の村々を3日間で荒らし尽くしてしまって、もう荒らす村もなくなってしまったので、4日目からは遠出しての「乱獲り」となり、朝早く陣を出て、夕刻帰ってくるという有様であったと言います。勿論、獲物をたくさん手にしたことは言うまでもありません。武田軍が休暇をとった地域こそ、いい迷惑であったと言うしかありません。

武田信玄は、信越国境を越え、上杉謙信の春日山城の近くまで侵攻したことがありましたが、その時も近在の村々を放火し、女子供を大量に生捕りました。武田の兵は、奪った越後の人びとを甲斐に連れ帰り、自分や一族の奴隷（召使）として使ったり、売り払ったりして潤ったのです。この時の合戦は、春日山城まで迫りながら、城を落とすとか越後の一部でも占領するという意志は全くみて取れず、「乱獲り」そのものが目的の合戦であったとしか思えません。戦国期には、そういう合戦が数多く存在するのです。

こうやって、武田領内の侍・下人・百姓といった雑兵たちは、戦を重ねるごとに「身なり、羽振り」が良くなっていったということです。

百姓たちには「御恩」と「奉公」という思想は根づいていません。益して武士道、もののふの道など、精神の埒外であったことでしょう。仮に命がけで闘ったとしても、恩賞を与えられるわけでもない身分であったのです。そういう百姓たちを、下人として陣夫として、或いは侍・足軽として動員するには、時に「乱獲り」休暇を与え、落城させた後の火事場泥棒のようなご褒美乱獲りを許しておかざるを得なかったのが、戦国の合戦の実態であったのです。

2 「弱くてかわいそう」ではなかった戦国の百姓

前節で、戦国の百姓のあり方を考える時、彼らを常に「戦争の被害者」「哀れみの対象」としてしかみてこなかったことに対する藤木久志の反省とも受け取れる述懐を紹介しましたが、藤木氏に限らず我が国の学者、研究者の殆どすべてがそうだったのです。学者が説く日本史では、百姓はいつも被害者であったのです。

これは、恐らくマルクス主義史観の影響でしょう。この思想は、何でも搾取と被搾取、支配と被支配という関係でしかものごとをみません。これを、歴史解釈にも強引にもち込むのです。つまり、「階級闘争史観」とも言うべき未熟な考え方で、人間を「赤い血の流れる生身の人間」とはみない、非人間的な歴史観であると言うこともできます。戦後日本社会は、社会全体が左翼化し、このような未熟な歴史観が公教育をも支配してきたのです。

実際の戦国の百姓は、決してそのような単純な図式で語れるようなひ弱い存在ではなかったのです。百姓は、確かに被害者ではありましたが、同時に加害者でもあったのです。しかし、それも何とか生きなければならないという必死の思いが生んだ実態であったことを知らなければなりません。

戦国期の合戦とは、武士対武士の戦いというより、百姓対百姓の争いであり、殺し合いであったのです。食うためには、生きるためには、戦場へ出て何か獲（と）ってくるしかなかったのです。

百姓は、戦国大名同士の合戦に参加して「乱獲り」を行うだけでなく、時に、村と村との争い＝「争論」としての戦もやったのです。全村武装して隣村と殺し合うのです。かくして百姓は、か弱い存在では生きていけず、強く、逞（たくま）しく、したたかにならざるを得なかったのです。

村と村は、土地の領有や境界線、水資源、山林の入会（いりあい）権などで争うことがあります。百姓にとっては、どれもが死活問題なのです。

余談ですが、私は幼い頃、父に命じられて夜中に田圃（たんぼ）に出かけて行き、水田の間を走る用水路の水を我が家の田圃に引き入れるために水路をいじりに行ったことがあります。それが正当な権利に基づくものであったのかどうか、私には分かりません。同じ村の農家同士でも、この種の水争いは日常茶飯事なのです。

益して戦国の村と村との争いともなれば、それは合戦に発展し、殺し合いになってしまうのです。それは、村と村との争いというには、とんでもない規模に発展してしまうケースもあったのです。

私の育った近江（滋賀県）で実際に起こった村同士の合戦を例として述べましょう。

文安二（１４４５）年、発端は湖北地方の菅浦村と隣村の大浦庄（おおうらのしょう）の衝突でした。当時の村は、こういう時のために日頃から他の村と誼（よしみ）を通じるという関係をつくっておくことが多くありました。何かあった時に助けてくれるような「仲良しの村」をつくっておくのです。現代流に言えば、安全保障政策としての同盟関係を構築しておくとでも表現できるでしょう。

そうすると、菅浦村と大浦庄が〝戦争状態〟に入ると、どこそこは菅浦につく、どこそこは大浦庄に加勢するといった具合に〝戦線〟は拡大していき、最終的に湖北の両村から１００キロ近くも離れている今の大津辺りの村々まで、つまりほぼ近江全域を巻き込んだ「村連合」対「村連合」の合戦に発展してしまったのです。大津といえば琵琶湖の南端部ですが、連合した村はここから琵琶湖の北端まで船で戦闘員を送り込んでいます。

このような村同士の争いは、当時も「合戦」と呼ばれており、両村では八十歳の老人も女子供も合戦に参加しています。彼らは、生存のために死を賭して戦ったわけです。戦国期後半には鉄砲も使用されていますから、これはもう〝立派な〟合戦と言うべきでしょう。

村同士の争いにはいろいろなケースがありましたが、領主が仲裁に入ることもありました。勿論、仲裁の利かないこともあります。優勢な村は敵の村に攻め込み、食糧などを掠奪します。村と村の「争論」というものは、「自分たちが生きるため」という意識があって発生するものですから、生きるためにはまずは食糧を奪わなければなりません。更に何を奪うかとなると、実は一番高く売れるのが「人」だったのです。

この、「人の掠奪」については、第四章に譲ります。

要するに、戦国の合戦とは村と村の争論の発展型なのです。戦国大名同士の合戦には百姓も動員されました。先に述べましたが、「荒らし子」や「小者」「夫丸」といった役割はすべて百姓です。しかし、彼らは強制的に参加させられたわけではありません。殆どの者は、戦国大名の「陣触れ」に自らの意志で応じたのです。しかし、これもまた「食うために」応じたことは言うまでもありません。

結局、1000人の軍勢がいた場合、私たちが考えている「武士」がどれほどいたかといえば、大体１００名くらいでしょう。つまり、軍勢の一割に過ぎないのです。即ち、戦国期の戦というものは「百姓」対「百姓」の合戦であったと理解した方が実態に近いのです。百姓は、決して「弱くてかわいそう」というだけの存在ではなかったのです。黒澤明監督の映画『七人の侍』のラストシーンを覚えておられますか。生き残った武士のリーダーが呟くようなひと言を発します。

「勝ったのは俺たちではない。百姓たちかも知れぬ」

黒澤の幾つかの作品においては、百姓や弱者と思われていた者の「したたかさ」がモチーフとなっています。少なくとも戦国期の百姓については、黒澤の描くそれには冷徹とも感じられるリアリティがあるように思われます。

3 「元和偃武」に込められた平和への想い

それにしても、生きるためには村を挙げて戦わなければならなかった戦国とは、食うために戦場に出て「乱獲り」で食糧を掠奪するしかなかった戦国とは、ただただ悲惨な時代であったとしか言い様がありません。

後の世を指して「徳川の平和」という言葉がありますが、それは確かに徳川家康を祖とする徳川政権が、あまりにも悲惨な戦国という時代を体験した上で、切実に希求して止まなかった社会であったのです。

薩長政権が、後世「明治維新」などと称している軍事クーデターによって徳川幕府を倒してから後の今の時代を、私たちは「近代」と呼んでいますが、特にその前半は戦争に明け暮れた時代でした。対照的なその「近代日本」とは、数えてみればまだようやく百五十年にしか達していないのです。

百五十年という時間は決して短くはありませんが、二千七百年近くの歴史をもつ我が国においては〝たかだか百五十年〟と言うべきでしょう。

「近代」と呼ばれる時代は、たかだか百五十年程度の時の流れしか経験していませんが、「近世」は、江戸時代だけでもそれより百年以上長かったのです。そして、元和年間以降は対外戦争は勿論、国内においても一切戦というものを許さなかったのです。江戸時代を理解する上で、このことが基本中の基本として重要な事実なのです。

具体的には、「大坂夏の陣」で豊臣家を倒すと、江戸幕府は元号を「元和」（元年＝1615年）と改めました。「元和」という言葉そのものが、「平和」を意味しています。これは、ようやく長い戦乱に終止符が打たれ、ここから天下は安定、平和に向かうという、幕府が天下に発した「平和宣言」であったと理解できるのです。歴史的には、これを「元和偃武」と呼んでいます。

偃武とは、中国の古典に由来した言葉で、「武を偃せる」、即ち、武器を偃せて倉庫に収めることを意味します。つまり、戦の停止、戦争放棄を宣言したものに他なりません。

この「元和偃武」という平和宣言とも言うべきフレーズ自体は後世に言われたものですが、とにかく政権も人びとも長らく続いた戦乱の時代＝乱世にうんざりしていたのです。もういい、もういい加減にして欲しいという怒りや悲しみを伴った時代の気分が充満していたのです。

この気分は、秀吉の時代から熟し始めていました。秀吉は「惣無事」を宣言し、公儀（豊臣政権）が認めない戦、武力行使を一切認めないとしたのです。天下に戦闘の停止を求め、私戦を禁止しました。秀吉の小田原攻めや奥州仕置きは、北条一族や伊達政宗が「惣無事」に反する行動をとったことを理由としているのです。

同時に秀吉は、「喧嘩停止令」「刀狩令」「海賊停止令」を発し、「惣無事」を盤石なものにしようとしました。「喧嘩停止令」は、村と村の争いである「争論」を意識したものでした。「刀狩」も、合戦に慣れ親しんでいた百姓から武器を取り上げることを目的としたものであったのです。

乱暴な言い切りをすれば、中世とは「自力救済」の時代でした。自分の身は自分で守り、自力で生き抜く力がなければ生きられないという苛酷な世であったのです。

戦国期になると、村（惣村）が成立します。一人や一家では生き抜けない百姓が村として団結し（一味同心）、惣掟を定め、裁判権さえ行使し、万事村を単位として生き抜くことを目指したのです。

多くの学者はこのことを、惣村の自治の成立などとアカデミックな表現を多用して高く評価していますが、実態はそのような生易(なまやさ)しい世ではなかったのです。掟を破って鞭打ちのような刑を受ける者もいれば、死刑になった者さえいます。隣村との争論勃発となれば、衆議決定に従って村民全員が武装し、隣村との戦となります。領主が仲裁して和議の証(あかし)として誰か一名を差し出すことになれば、誰かが隣村との和平のために殺される役を負わなければなりません。

百姓は弱くて可哀相(かわいそう)な哀れな存在などというのは、歴史物語のお話の中のことであって、彼らは自ら戦うだけでなく、この領主は村の役に立たないと判断すれば、領主を追い出しにかかることもあれば、時に領主と一戦交えることすらあったのです。

戦国期の百姓は、なぜこのようにならざるを得なかったのか。それは言うまでもなく、文字通りの乱世、日々殺し合いに明け暮れるという時代に生きていたからに他なりません。私たちはこの時代を戦国時代と呼んでいますが、それは「応仁の乱」以降、約百五十年も続いたのです。百五十年といえば、今私たちが生きている近代という時代と同じ長さの時間であることに思いを至らせてください。

つまり、戦乱の百五十年と近代戦争の百五十年に挟まれている時代が、江戸時代という稀有な「平和が持続した時代」ということになるのですが、戦乱の百五十年があまりにも苛酷であったが故に、人びとの平和を希求する気持ちが強烈に膨れ上がり、何が何でも平和を、という気分が社会の隅々にまで染み渡ったとみることができるのです。

この、もう戦は嫌だ、もういい加減にして欲しいという、戦国終末期の時代の気分というものを、私たちは可能な限り洞察しておく必要があります。それなしで江戸期を理解することは、全くできないのです。

繰り返しますが、それは苛烈な日々であったことでしょう。父の時代も、祖父の時代もそうであったのです。これが、我が子の将来にも続くのか。もういい、もう嫌だという思いが切実に社会に満ちてきても当然といえば当然でしょう。合戦のことばかりが華々しく描かれる一方で、殆ど語られませんが、このような時代の気分が徳川の世創りを背景として後押ししたことを軽視すべきでありません。

徳川に先立つ秀吉の掲げた「惣無事」という一種の平和宣言も、明確に兵農分離を目指した点で一定の評価を得ていいものです。これは、秀吉の天下統一という支配原理が社会の平和化にあったとする藤木久志氏らの見解に通じるものでもあります。

徳川家康になると、この意思が更に〝進化〟します。

家康は、信長と秀吉の治世、治世の方向観を知悉（ちしつ）しています。そして、秀吉の国内統一のための「惣無事」と武断的な対外政策との間に大きなギャップがあることも認識していたはずです。

家康は、慶長八（１６０３）年、後陽成（ごようぜい）天皇によって征夷大将軍に任じられましたが、同十（１６０５）年、これを嫡男秀忠に継がせました。つまり、家康の将軍在任期間は僅か二年強であったということです。これは、徳川家が将軍職を世襲していくこと、即ち、徳川政権の成立を天下に示したものとされています。但し、同十二（１６０７）年、駿府（すんぷ）城に移り、「江戸の将軍」「駿府の大御所」と言われる「大御所政治」を執（と）り仕切り、政治上の実権を掌握し続けました。

そして、平和宣言とも言える「元和」改元が行われたのは、「大坂の陣」で豊臣家を滅ぼした慶長二十（１６１５）年のことです。

この改元は明らかに徳川政権の意向によって行われたもので、我が国の元号で中国の元号がそのまま使われたのは、この「元和」のみなのです。一部公家からは強い反発もあって、この後は再び伝統的な改元手続きに戻され、幕府がこれを承認するという形が採られました。なお、徳川政権が「禁中並公家諸法度」を定め、これを施行したのは、元和改元の4日後のことでした。

斯様に、元和改元には徳川政権の、即ち、家康、秀忠の強い意思が働いているのです。この時、「関ヶ原の合戦」から既に十五年も経っています。家康には、年齢からくる焦りもあったことでしょう。しかし、そこは家康らしく、泰平構築の阻害要因を一つひとつ取り除いていった上での、もう戦いは許さぬ、世は泰平であらねばならぬという満を持した平和宣言ではなかったのでしょうか。後世、「元和偃武」という言葉でこのことが表現されたことが、政権の強い意思が込められていたことをよく表していると言えるでしょう。

つまり、「元和偃武」とは徳川政権が設定した「時代のコンセプト」であったと考えられるのです。そして、徳川政権はこれを「仕組み」によって維持しようとしました。何が何でも平和であらねばならぬという強い思いがさまざまな独自の仕組みを生み、結果として二百五十年もの長期に亘る平和な時代を現出させたのです。それは、偶々二百五十年にもなったというものではなく、明確な「時代のコンセプト」が存在したからこそ実現したものであることを認識しておかなければなりません。

人類の歴史上、二百五十年もの間平和が維持されたという事例は、この徳川政権下の江戸期日本しか存在しません。そこで「パックス・ロマーナ」や「パックス・ブリタニカ」という世界史上の表現に倣（なら）って「パックス・トクガワーナ」という表現を使う論者がいますが、「徳川の平和」とは日本史においてのみならず世界史においても評価されて然（しか）るべきものであり、その意味では十分頷（うなず）ける表現ではないでしょうか。

ところが、学者がこれを批判します。

曰く、戦争さえしなければ平和というものではない、江戸時代の民衆は圧政に苦しんでいた、パックスというには範囲が狭い等々を理由とするのです。

これらは、何でも世界史を基準とする学者の〝言葉遊び〟であり、圧政に苦しんでいたなどという論はそれこそ古い官軍史観＝薩長史観のままであって、こういう反論には全く建設的な意味はありません。

戦争をしないということは、平和の最低限の必要条件です。「パックス・トクガワーナ」という表現が嫌なら使う必要はありません。

大事なことは、「徳川の平和」が政権の能動的な意思によって構築され、それが二百五十年という世界史上においても例をみない長期に亘って維持されたという事実なのです。

こういう主張に対して、左翼だ、反日主義者だというレッテル貼りが再び横行していますので、敢えて付言しておきますが、私は今の占領軍憲法第九条を〝非人道的〟な条項であると考えています。これを平和憲法などと言っている神経が理解できません。益して、政権の都合で部分的に手を加えて済むという話でもないのです。

いつの時代でも平和の構築と維持とは生半可な精神でできることではなく、私たちが「徳川の平和」から学ぶべきことは膨大であり、深遠であり、多岐に渡るのです。

第二章

幕藩体制という大名連合

1 譜代と外様

明治新政権によって「全否定」された徳川政権による治世、即ち、江戸時代の社会のあり様というものは、多岐に渡って誤解されています。更に、誤解と同じ程度に「知られていない」ということを、私たちは知らなければなりません。

初歩的な誤解は、幕府が専制的な力と態度で諸大名と人びとを強圧的に支配していたと考えていることでしょう。まるでヨーロッパ中世の専制君主のように、将軍家が絶対的な支配体制を創り上げて君臨していたというイメージをもっている方が、今なお多いのではないでしょうか。

実は、徳川幕府とはそれほど強力な、絶対的な支配権を以て日本列島を統治していたわけではありません。江戸期の統治構造を指して「幕藩体制」という言い方がありますが、徳川幕藩体制とは、徳川家を盟主とする大名連合体制に過ぎないのです。

確かに徳川家がリーダーではあったのですが、この体制の構成員である諸大名は、私たちが「藩」と呼んでいる一定のエリアについて一定の範囲内の独立した統治権をもっていたのです。かつて言われていたような「主従関係」ではなかったということを認識しておく必要があります。

幕藩体制という言葉は、かつては江戸期の政治体制を指して言う言葉であったのですが、今では江戸期の社会体制全般を指して使われることが多くなりました。

「似て非なる体制」として、各州の自治権の強いアメリカ合衆国（United States of America）や、連合王国という体制をとるイギリス（United Kingdom of Great Britain and Northern Ireland）を挙げることができます。関連性の有無をここで断じることはできませんが、両国の徳川日本に対する正しい理解が早かったことは事実です。

大名連合体制であったということは、中央集権体制ではなかったということです。幕府を倒した明治新政権は、それまでの我が国の歴史にはみられなかった天皇絶対主義を掲げて中央集権体制を目指し、これに成功したわけです。

連合体制のリーダーである徳川家の石高は四代将軍家綱（いえつな）の頃までは三百万石、五代将軍綱吉（つなよし）の治世下で「元禄の地方（じかた）直し」と呼ばれる検地が実施されるなどして四百万石に増えました。その後は、大きく変動することはありませんでした。

これに対して、例えば加賀藩前田家の石高は百二万五千石、薩摩藩島津家の最高石高は文政年間の九十万石（籾（もみ）高・琉球を含む）でした。つまり、連合体制のリーダーでありながら、徳川家の石高は加賀藩の僅か四倍でしかなかったのです。加賀藩と薩摩藩を合算してみると二倍強にしかなりません。

「六十余州三百諸侯」というフレーズがあります。日本列島は約六十の「国」から成り、それを治める約３００人の大名がいる、という意味です。この場合の「国」＝「州」とは、例えば、陸奥、武蔵、山城、長門、薩摩といった名称で呼ばれる地域のことで、今の県とは異なりますが、それに相当するものと考えても大きな誤りではありません。薩摩藩島津家は、薩摩と大隅、二カ国を領有しており、長州萩藩も長門と周防、二カ国を治めていました。

この約３００人の大名、実際には２８０人弱でしたが、この連合体のリーダーが徳川家であり、その石高が約四百万石、加賀藩の四倍程度に過ぎなかったということです。

このこともあって、徳川幕府というのは基本的に「小さな政府」にならざるを得なかったのです。

幕府は、各地に「御料」（天領）と呼ばれる直轄地をもっていましたが、それを治める代官所の官吏も驚くほど少人数でした。なおかつ、代官所官吏の大部分を占める「手代」は、現地村方、町方からの現地採用が殆どであったのです。南大和七万石を管轄した五条代官所を例にとりますと、代官、手付、手代から中間に至るまでを含めても僅か20名前後に過ぎなかったのです。この少人数で七万石の行政、司法すべてを担っていたとは、現在の公務員の数から考えれば信じられないような規模であったと言えるでしょう。

では、基本的に小さな政府であった徳川幕府はどのような体制で「三百諸侯」と言われた大名を統制していたのでしょうか。

その代表的な施策として「参勤交代」を指摘することがよく行われてきましたが、これについては第3節で触れます。

その前に、大名を石高だけで位置づけなかったことに留意しなければなりません。280人弱の大名を、大きく分けて、親藩、譜代、外様の三種類に分けてコントロールしたのです。これは、「家格」のベースとなるもので、この区分と石高を組み合わせて、江戸城内での大名序列まで決めたのです。

親藩とは、幕府開祖徳川家康の男系男子が始祖となっている藩のことを指し、「御三家」、「御三卿」、「一門」に分けられます。但し、御三家、御三卿を別格として親藩には入れず、「一門」のみを親藩とするのが、江戸期当時から一般的であったとする説もあります。

御三家がもっともよく知られていると思いますが、これは家康の直系男子が始祖となっている藩のことで、将軍家に後継ぎ（将軍継嗣）がいない時、将軍を出す家柄です。次の三家が、御三家として「徳川」を名乗り、三つ葉葵の家紋を使用しました。

尾張徳川家　家康の九男徳川義直が始祖

紀州徳川家　家康の十男徳川頼宣（よりのぶ）が始祖
水戸徳川家　家康の十一男徳川頼房（よりふさ）が始祖

なお、江戸初期においては、将軍家と尾張藩、紀州藩を御三家と称しており、水戸藩を御三家と位置づけるようになったのは五代将軍綱吉の時代からのことです。

「御三卿」とは、八代将軍吉宗（よしむね）の家系が始祖となり、やはり将軍継嗣を問題なく行えることを目的とした存在です。

田安徳川家　吉宗の次男徳川宗武（むねたけ）が始祖
一橋徳川家　吉宗の四男徳川宗尹（むねただ）が始祖
清水徳川家　九代将軍家重の次男徳川重好（しげよし）が始祖

八代将軍吉宗は御三家の一つ尾張藩の徳川宗春（むねはる）と対立関係にあったとされていますが、吉宗が御三家以外に将軍継嗣を担う目的で御三卿（当初は二家）を創設したのも、この対立が遠因とされています。実際には、その後2人の将軍（十一代家斉（いえなり）、十五代慶喜（よしのぶ））が一橋家から出ていますが、御三家の後継ぎがいない時に御三卿から養子を迎えたり、その逆も行われたりするようにもなりました。

但し、御三卿は御三家のような独立した藩ではありません。幕府から十万石を支給されていましたが、その知行地は殆ど全国にまたがって飛び地が多く、家臣団も幕臣が出向するという有様で、万事将軍家に面倒をみてもらっている将軍家の〝家族〟的な存在でした。領国経営の心配もなく、財政に悩む必要もなく、時に当主不在でも家だけは存続する（明屋敷）という、実に厄介な存在となっていくのです。それでいて家格だけは高く、江戸城中での席次は大老職より上席となっていたため、何もすることもなく、する力もないくせに幕政に口だけを出すという、弊害以外の何物でもない存在と指摘されることもあります。

一門とは、一般的には次の三家を指します。

徳川家康の次男結城（ゆうき）秀康を始祖とする越前松平家
二代秀忠の四男保科正之（ほしなまさゆき）を始祖とする会津松平家
三代家光の三男綱重（つなしげ）の次男松平清武を始祖とする越智（おち）松平家

秀忠・家光の血筋からは、駿河徳川家、甲府徳川家、館林徳川家が立てられ、これを親藩・一門に数えることもありますが、この三家は後継ぎが絶えたりして一時的な存在として終わっています。

結局、御三家を別格とすれば、親藩とは「一門」のことであるとしても実質的には間違いではありません。そして、一門は、「徳川」は名乗れませんが、「松平」を名乗ることを許されていました。よく知られているところでは、会津藩、越前福井藩は親藩であったということです。

ここまでが、家康直系と徳川宗家の親戚に当たる者が祖となった藩です。

それ以外の大名は、よく知られている通り、譜代大名と外様大名に分けられます。

譜代大名とは、「関ヶ原の合戦」以前から徳川家に臣従していて大名に取り立てられた者を指します。これに対して外様大名とは、「関ヶ原の合戦」前後に臣従した大名を指します。当然、合戦で敗者となった末に臣従した者もこれに含まれます。

家康にしてみれば、まだ織田信長の意向を無視して動くこともできなかったような時代から家臣として辛苦を共にしてきた者と、豊臣秀吉没後の東西両陣営の一方の旗頭にまで力をつけた時期に与（くみ）してきた者との間には、ロイヤリティ、忠誠心に違いがあると考えたのも無理はありません。

徳川幕府の政治は、徳川家の家政的な感覚からスタートしており、そのため幕政は譜代大名が担当することが原則でした。御三家や親藩は、一族的な繋がりで厚遇されていただけで、幕政には参加できなかったのです。幕末になって例外的な措置がみられるようになりますが、幕政は譜代が担うものという不文律は、一貫して生きていたのです。

譜代大名も、臣従した時期によって次の三種類に分けられます。

安祥譜代　酒井家・大久保家・本多家・阿部家・石川家など七家

岡崎譜代　井伊家・榊原家・鳥居家・永井家・水野家・戸田家・内藤家・久世家など十六家

駿河譜代　その他、板倉家・太田家・土屋家・稲葉家・堀田家・奥平家・岡部家・朽木家・土岐家など

安祥譜代と岡崎譜代の数は、史料によって若干違いがあります。いずれにしても、同じ譜代大名でも臣従した時期によって家格に差がつけられたということです。

その他、五代綱吉の時代に譜代となった家、享保年間に譜代となった家など、若干数の家が譜代大名として名を連ねています。

老中を始めとする幕閣と呼ばれるような要職につけるのは、勿論、譜代大名だけでしたが、譜代大名の役割はそれだけではありませんでした。外様大名を監視することも、彼らの役割

であったのです。

徳川幕府は、開府以来一貫して外様大名には油断していなかったのです。特に西南雄藩、具体的には薩摩藩、長州萩藩などに対しては、強い警戒感をもっていたのです。

家康は、豊臣秀吉によって三河から関東へ転封されるという経験をもっています。石高だけで言えば大幅に加増されたのですが、住み慣れた、でき上がっていた豊穣の地三河を追われ、当時としては荒涼とした荒地の多かった関東へ移封されたのです。加増ですから、マイナス評価とは言えませんが、新しい領地は未開の地も同然、一から創り上げなければなりません。

この秀吉の巧妙なやり口を、家康は外様大名に対して適用するのです。外様大名には大きい石高を与えるが、幕政には参加させない。譜代大名は、石高は小さいが基本的に家格は上位、という体制を採ったのです。

加賀藩前田家や薩摩藩島津家には江戸から離れた遠隔地の知行を安堵し、石高も大きくしたのは、決して厚遇したのではなく、警戒感の表れでもあるのです。

それだけではありません。

近江彦根に譜代の井伊家を置いたのも、西国に対する警戒感の表れなのです。彦根城は、石田三成の佐和山城の至近に位置しますが、佐和山という地は、後の中山道と北国街道の分

彦根城 佐和口多聞櫓

岐点に当たります。戦国大名が京を目指す時、どちらから上洛しようとしてもこの地を通過しなければなりません。実際に織田信長も、初めて上洛しようとした時、佐和山の目の前の摺針（すりはり）峠から近江へ入りました。信長も秀吉も、そして、家康自身もこのルートで京・大坂へ上っているのです。

そもそも彦根城築城は、諸大名に普請を命じる「天下普請」として行われましたが、このことも佐和山・彦根の戦略上のポジションを端的に表したものと言えるでしょう。「近江を制する者は天下を制する」という言葉がありますが、この地はそれほど徳川幕府にとっても重要な、一つの拠点とも言うべき地であったのです。譜代の石高は小さいと述べましたが、井伊家だけは石高でも別格の三十五万石でした。

この、譜代大名彦根藩井伊家の事例に、幕府の西国外様雄藩に対する警戒心がどれほど大きかったかをみることができるのです。彦根城の大手門が、京都、西国に向けて西を向いているのは、決して偶然ではないのです。

その他、大坂城代を置いたことも、御三家の一つ紀州徳川家を紀伊に置いたことも、同じ理由によるものと考えられています。

紀伊という地は、江戸期の流通網の中心的な役割を果たした菱垣廻船（ひがきかいせん）、樽（たる）廻船が活躍した東廻り航路の根元に当たるのです。幕府は、海路にも神経を使っていたのです。

また、参勤交代において、同じ一カ国内の外様大名が江戸にいる時は、その国の譜代大名は国許に残るような仕組みとし、同時に江戸在府として国許を空っぽにすることを避けました。一国全部を領有していた「国持（くにもち）大名」が江戸へ参府している時は、近隣の譜代大名にその国許を監視させたのです。

幕府の譜代大名に対する信頼感の強さと、逆に外様大名に対する油断のなさは、ここまで徹底していたということです。

「関ヶ原の合戦」は決して天下分け目の決戦というほどの軍事的意味をもったものではありませんが、徳川幕府の統治体制に与えた影響は実に大きいものがあったことが分かります。西国の雄、長州藩と薩摩藩という外様大名が最終的に倒幕に走った素因も、実は「関ヶ原」にあるのです。

大名連合という政治体制にあって、リーダーである徳川家が大名に石高の大小だけでなく家格をセットにして付与するというコントロール手法を採らなかったら、徳川幕府はもっと早く倒れていたかも知れません。

2　天領と代官

約六十の国を二百八十人弱の大名が分割統治していた江戸時代。大名連合という政治形態において、徳川家も連合の盟主ではあっても一人の大名でもあったわけです。

徳川家の領地、つまり、幕府の領地＝幕府の直轄地は、おおよそ四百万石でした。この幕府の直轄地を一般に「天領」と言いますが、これは明治新政府になってからの言い方です。幕府自身は「御料」とか「御領」、或いは「御料所」と言っていました。

明治新政府が幕府の直轄地を取り上げた時、これはもともと天朝の御料であるとし、天領と呼んだのですが、いつしかこれが江戸期まで遡って幕府直轄地を「天領」と呼ぶようになったものです。ここでは、一般的になっているところから、そのまま「天領」と呼ぶことにします。

天領＝四百万石というのは、勿論おおよその石高ですが、これも時代によって変遷しました。

前節でも触れましたが、四百万石になったのは五代綱吉の時代で、四代家綱の頃までは三百万石であったのです。

これを、もう少し具体的にみておきましょう。なお、天領の石高については幾つかの資料がありますが、多くが「御取箇辻書付（おとりかつじかきつけ）」という史料を使ったものであり、ここでもその数字を使います。これには、慶安四（１６５１）年という江戸初期と言ってもいい頃から幕末天保十三（１８４２）年までの天領石高とそこから徴収された年貢高が記録されており、天領の規模を知る上で貴重な史料となっています。

慶安四（１６５１）年　１５９万石
　年貢　66万5千石（41・8％）
明暦三（１６５７）年　２９３万石
　年貢　１１２万石（38・3％）
万治三（１６６０）年　３０６万石
　年貢　97万9千石（31・9％）
元禄元（１６８８）年　３８１万石
　年貢　１２４万2千石（32・6％）
元禄五（１６９２）年　４０１万石
　年貢　１４０万2千石（34・9％）

宝永六（１７０９）年　４０２万石
　年貢　１２７万５千石（31・７％）
享保二十（１７３５）年　４５４万石
　年貢　１４６万３千石（32・２％）
延享元（１７４４）年　４６３万石
　年貢　１８０万２千石（38・９％）
寛政十二（１８００）年　４４９万石
　年貢　１５５万３千石（34・６％）
天保元（１８３０）年　４１８万石
　年貢　１３７万９千石（33・０％）
天保十二（１８４１）年　４１７万石
　年貢　１４３万４千石（34・４％）

初めて三百万石台に乗ったのが、万治三年、元禄五年に初めて四百万石に達しました。その後、三百万石台に戻ったり、また四百万石台を回復したりしましたが、宝永六年以降は、四百万石を切ることはなくなったのです。

幕府は、年貢についての基本方針として「四公六民」を原則としていました。つまり、年貢の上限は40％ということをルールとしていたのです。これは、幕末に至るまで十分守られていたことが分かります。

実際には、検量の時の升の大きさを変えたり、作柄の悪いポイントを選んで基準にしたりというさまざまな「目こぼし」を行い、天領領民の有利になるように、即ち、年貢を少なくするような配慮をしたために、年貢率は更に低くなっていました。こういう点にも、建前（ルール）を守りつつ現実的な対応をするという、徳川治世における行政末端の実情がよく顕（あらわ）れています。

このようにして、大名領に比べると天領の年貢率は一貫して低かったのです。大名領の場合は、藩によってさまざまであり、紀州藩では「八公二民」という酷（ひど）い年がありましたが、藩によって、時期によって文字通りさまざまであり、一概に断定はできませんが、天領の年貢率が大名領のそれより平均して低かったことは明らかであると言っていいでしょう。

ところで、大名領と違って天領には城はありません。表層的な見方、言い方かも知れませんが、これが天領と大名領（藩）のもっとも分かり易い違いと言ってもいいでしょう。但し、例えば、大名でも石高が一万石という小大名の場合は、城はもてません。

天領とは幕府直轄地ですから、当然大名はいないわけで、勘定所から派遣される「代官」

がこれを治めていたのです。代官が駐在する役所を「代官所」または「陣屋」と言いますが、天領は陣屋を行政上の拠点として代官の指揮下、実に少ない官吏で統治されていました。

具体的には、代官の配下として行政実務に就いていたのは、数名程度の「手付」とやはり数名の「手代」でした。この下に、中間などの下働きがいましたが、いずれにしても「小さな政府」の典型のような陣容であったのです。

この内、「手付」も代官同様、勘定所から派遣されてくるのが普通でしたが、「手代」は現地採用が殆どであったようです。つまり、地元の百姓身分の若者が勉強を積み重ねて「手代」として採用されるということが、珍しいことではなかったのです。

時代劇やドラマでは、代官といえば「悪代官」と相場が決まっているようです。次のようなシーンをよくご覧になったのではないでしょうか。


「大黒屋、おぬしも悪よの〜」

「何を仰います、お代官様こそ、ひっ！　ひっ！　ひ〜！」


こういうやり取りに象徴される悪事は決してお天道様も許さないのです。たちまち以下のようなシーンへと続きます。

「ひかえ〜い！　この紋所が目に入らぬか〜！」
「ここにおわしますは、先の副将軍、水戸光圀公なるぞ〜‼」

となって、悪代官とそれに癒着して私腹を肥やしていた〝大企業幹部〟みたいな悪徳商人は成敗されるのです。これは、何度も放映されたテレビドラマ『水戸黄門』の場合ですが、午後八時にこの番組が始まると、紋所の付いた印籠が登場するのは大体八時四十二分頃となっていたものです。

この水戸黄門の実像がどういうものであったかについてはここでは触れませんが、彼こそ人間的にも政治的にも実に問題のある人物でした。日本の歴史上の人物では、吉田松陰や坂本龍馬と並んで、もっとも虚飾が過ぎてもはや「捏造」されていると言ってもいい人物の一人なのです。

そのことはさておき、ドラマ『水戸黄門』に限らず、テレビ、映画を問わず、登場する「代官」というのは殆ど「悪代官」と相場が決まっていました。「名君」というのは稀に出てきますが、「名代官」というのは聞いたことがありません。江戸期の代官とは、それほどワルが多かったのでしょうか。

結論から言えば、これは誤解です。誤解というより、水戸黄門像を捏造した煽りを受けて同様に捏造された偽りの定型像であったと言えるでしょう。

確かに、初期には悪徳とまではいかなくても「不良代官」と言ってもいいような者もいました。現代の公務員の中でも時に不祥事を起こして懲戒処分を受ける者がいますが、そういうレベルの代官が一定数いたということです。これは一つには、初期の代官には徳川家との結びつきによって任命された「土豪代官」が存在し、時には年貢徴収を請負う地元豪農が代官的な役割を務めることがあったことが影響しているとみられます。彼らには、年貢を私的に流用するなどの公私混同がみられ、幕府も頭を痛めていたのです。これを正すために、天和二（１６８２）年に「勘定吟味役」が設置され、貞享四（１６８７）年には代官の会計監査も実施しています。これによって、大量の不良代官を粛清しました。更に、享保年間にも代官の粛清が行われています。

こういう変遷があって、江戸期の中期以降の代官は、総じて清廉潔白でした。このことは、断言してもいいと思います。

そもそも「代官」とは、幕府の直参です。直参が、大別して「旗本」と「御家人」に分かれることは、よくご存じでしょう。「幕臣」という言い方がありますが、本来これは直参と同義と考えて差し支えありません（幕府に仕えた者という意味だと安直に考え、大名にまで幕臣という言葉を使っている書き物があるので、注意を要します）。

誰もが知っているところでは、勝海舟は御家人の家へ養子として入ってこれを継いだので、御家人です。『鬼平犯科帳』でお馴染みの長谷川平蔵は、旗本です。

代官の多くは、御家人であり、前述した通り、勘定所から任地へ派遣されてきました。つまり、彼らも直参であったのですが、徳川幕府という軍事政権は、先にみた通り四百万石という直轄地をもちながら、またその他の圧倒的に広い大名領を統治する大名の盟主の立場にいながら、それを統治する軍事力としての直参は僅か二万人強に過ぎなかったのです。この数は、各藩の石高と家臣団の数の比率と比べると極端に少ないものです。この一事を以てしても、幕府というのは極端に「小さな政府」であったのです。公共事業を諸藩に負担させたとはいえ、幕府は「小さな政府」にならざるを得なかったと言った方がいいでしょう。

代官を派遣する勘定所は、御一新後大蔵省となって、今日の財務省に至りますが、勘定所のトップは勘定奉行です。現在の財務大臣と異なるのは、扱う政務が幕府の財政全般にとどまらず、天領の運営すべてが含まれていたことです。つまり、勘定奉行とは、幕府を支える巨大な柱であったと言えるのです。

平和な江戸期において、御家人が立身出世するには、勘定所に入って幕府の政務に就くことでした。江戸中期以降、この試験が非常に難しいものになったようなのです。従って、これに合格して勘定所務めとなった御家人というのは大変なエリートであったと言えるでしょう。

エリートを輩出したその試験というのが中国や朝鮮における「科挙」とは根本的に異なっていて、「筆算吟味」と呼ばれるものだけでした。文字と算盤、現代流にいえば国語と数学だけであったのです。

ただ、「筆算」の「筆」を単純に国語とすることには問題があります。根底に、書く文字を見れば人物が判るという武家の精神文化特有の考え方があったのです。こういう思想と、洞察力を重視する考え方は、既に文字というものから離れてしまった平成日本人には理解できないことかも知れません。特に、それを可能にする試験官のレベルに信頼性があったこと自体が、考え方として理解できないことかも知れません。

幕府の財政は、五代綱吉の頃から既に悪化していました。六代将軍家宣を補佐する新井白石は、財政再建に直結する貨幣改鋳で随分苦労しています。それでも、税制では「四公六民」を崩そうとはしなかったのです。

幕府中興の祖とも言われる八代吉宗の治世になると、財政は悪化という表現の域を超え、もはや幕府は困窮していたのです。そこで、吉宗による「享保の改革」となるわけですが、学校教育では有名なこの改革を私はさほど評価する気にはなれません。

この時期は享保デフレとされる時代で、吉宗は米価引き上げに躍起となりますが、打ち手に連動性がなく失敗しています。加えて言えば、出身藩である紀州人の多用、お庭番の創設、特に「目安箱」の設置などは、決して改革などとは言えないでしょう。直接下々の声を聞くという「目安箱」の設置は特に、私の義務教育を受けていた時代から高く評価されていましたが、扱うものが国政であることが解っていないのではないかと思うほどの稚拙な打ち手であると言えるのではないでしょうか。幼稚なポピュリズムの範疇に入る施策であると言ってもいいでしょう。

今、そのことは措くとしても、この改革で天領の年貢割合が「五公五民」に引き上げられたのです。「享保の改革」では基本的に増税策が採られましたが、これはその一環です。しかし、注目すべきことは、それでも「五公五民」に抑えたことなのです。幕府は、不本意ながらも、その後も「五公」をデッドラインとしています。ここに、幕府の「治世」というものに対する根本的な考え方が横たわっていると考えるべきなのです。

一つの事例を挙げておきましょう。

南大和七万石は五条代官所が治めていました。代官は、鈴木源内。鈴木は、述べてきたような勘定所から派遣されてきたエリートであり、穏やかな教養人でした。代官に、時代劇に出てくる「悪代官」など、まず存在しなかったことは既述した通りです。逆に、「善政家」が多かったという指摘もあります。温厚な鈴木源内など、その最たるものであったと言えるでしょう。

京都で薩摩長州を中核とする尊攘激派が暴れ回っていた幕末文久三（1863）年。いっぱしの志士気取りの〝跳ね上がり集団〟「天誅組」が、大和で挙兵を図りました。そこでターゲットにされたのが、五条陣屋であったのです。結果だけを言えば、代官鈴木源内は、惨殺されました。天誅組は、旗揚げの血祭りとして「代官」の首が必要だったのです。天皇の「大和行幸」を先回りして迎えるというのが彼らの「大義」であったのですが、五条陣屋を血祭りに上げることが、一体どういう論理で結びつくのか。やはり、狂気のみに突き動かされた無知な集団としか言い様がありません。

問題は、この時点で南大和七万石を治めていた五条陣屋はどれほどの〝戦力〟をもっていたのかということです。実は、殆どゼロでした。

通常、七万石という規模の藩なら、家臣団は200名から300名というところでしょう。ここへ、藩士の一族郎党から戦力となる者を加えれば1000名弱の戦力となります。では、五条陣屋はどうであったかと言いますと、代官の鈴木源内以下、「手付」、「手代」含めて官吏総勢で13名でした。たったこれだけの人数で、七万石の領内の行政・司法すべてを担当していたのです。

「手付」も幕府直参です。但し、お目見得以下の者、即ち御家人である場合が多く、これも、江戸から赴任してきています。

それにしても、七万石で13名とは何と無防備なことでしょうか。しかし、この規模は、何も五条代官所に限ったことではなく、天領を統治する代官所というものは、どこでもおおよそこのような規模であったのです。この規模で、行政全般、司法のみならず、もっとも重要な軍事＝防衛をすべて賄うのです。今の霞が関の官僚なら、一笑に付してその事実を信じないでしょう。

別の見方をすれば、天領には「サムライ」の数が少なかったと言えます。逆に言えば、天領とはそれで済む平穏な土地であったとも言えるのです。

一般に御家人の場合は、「小普請組（こぶしんぐみ）」と呼ばれる者が多かったのですが、これは実は「無役」のことなのです。つまり、役職がないのです。平たく言えば、無職の者が多かったとも言えます。勢い御家人の猟官運動は激しくなり、金で役職を買うことなどに奔走するようになります。結果として、陣屋の「手付」にも無能な者が多かったようです。言い方を換えれば、代官との落差が大き過ぎたのです。それでも、陣屋の構成から言えば幹部に当たり、町奉行所に当てはめれば「与力」に匹敵するポジションとなります。

これに対して、「手代」とは純粋な現地の地役人です。現地の百姓から選抜されるのが、仕組みとしての「手代」ですから、陣屋の役人とはいえ、実は百姓身分です。ところが、非常に厳しい試験を通ってきますから、学問のできる者が揃っていました。百姓とはいえ、大小を束ねており、十手を持っているほか、通常小者が2～3人付きます。馬に乗ることも許されており、騎馬で領内を巡察すれば、その様は大名領なら百石とか二百石取りの武家と変わりません。唯一違いがあるとすれば、槍が持てないことくらいでしょう。

徳川の統治体制をみる時、百姓から陣屋の役人を選抜するというこの仕組みを軽々しく扱っては間違いのもととなります。尤も、時代が下るにつれ、「手代」にも世襲的な色彩が強まったことは事実です。しかし、それは、東大出身者の子弟は東大へ入学する割合が高いという現代の現象と同じ意味での〝世襲〟色が強まったということであり、家庭環境が強く作用していたということになるでしょう。

代官―手付―手代という簡潔な構成で、驚くほど小さな「地方政府」を形成して大きな領地を統治していた天領の代官所に、徳川の統治システムの一側面をまざまざとみることができるのです。

3　参勤交代とは何であったか

参勤交代は、鎖国と並んで徳川幕藩体制を支えた大きな仕組みの一つとして、公教育だけでなくエンタテインメントの世界に至るまで、広く、さまざまに語られ、表現されてきました。

「下にぃ〜！　下にぃ〜！」の掛け声と共に通行中の庶民は土下座し、行列の通過中に顔を上げればたちまち「無礼討ち」にされる――これが、一般に知られているもっともシンボリックな参勤交代に対するイメージではないでしょうか。

また、学校の歴史教育では、この制度は諸大名に経済的な負担を強いて、謀反を図ることを財政的に不可能にするために行われたものであると教え、私自身もそのように教えられました。

確かに、多くの供を引き連れ行列を組み、徒歩で江戸へ参府するとなると、移動費、宿泊費などの経費は莫大なものになります。学校で習ったことだけで考えても、これじゃ幕府に対して謀反を起こすだけの軍事費も制約を受けるだろうと、漠と想像して納得していたものでした。

しかし、史実としての参勤交代とはそのようなものではありませんでした。これもまた、明治近代になってから、徳川政権の〝圧政〟を強調するために誇張され、捏造された側面が多いように感じられます。ただ、参勤交代の行列の人数だけは、私たちが想像しているそれよりもはるかに多かったかも知れません。

土下座や「無礼討ち」についても、実際の大名行列では全く違っていたのです。「下にぃ〜！」という警告の意味の掛け声にしても、この表現は尾張藩と紀州藩だけのことで、その他諸藩の場合は、「片寄れ〜！」とか「よけろ！」という掛け声を用いていたようです。大名行列については「切捨御免（きりすてごめん）」が認められていましたので、それを避けるために先触れで注意喚起を行ったのです。

なぜこのような誤解、誤りが永く信じられてきたのでしょうか。それは、まず公教育が参勤交代の意味を無視して形だけを語ってきたことに原因があると考えられます。

そもそも参勤交代とは、大名が果たすべき「軍役」であったのです。もう少し具体的に表現しますと、大名が徳川将軍家に臣従することを示すための「軍事儀礼」であったのです。

徳川政権は武家政権、つまり、「軍事政権」です。参勤交代を考えるについても、「軍事」という大前提を無視することはできないのです。参勤交代の大名行列は、それが戦を想定した「備（そなえ）」の要件を満たしていることを明白に示しています。行列には、武家の身分の詳細や現代の給料に当たる家禄との関係など、武家社会を形作っているさまざまな要素が組み込まれており、それは武家社会の縮図と言ってもいいものです。これについては、後ほどもう少し詳しく述べます。

いずれにしても、参勤交代とは臣従した大名に課せられた「軍役」であること、少なくとも平時における軍事儀礼であること、この基本を外すと、参勤交代に対する理解を誤ることになるのです。

この仕組みは、寛永十二（１６３５）年、三代家光の治世下において制度化されました。但し、この時は外様大名について義務化されたのです。譜代大名についても義務化されたのは、寛永十九（１６４２）年のことです。

これによってすべての大名は、原則として一年おきに江戸と国許での生活を交互にすることになったのです。

これはあくまで原則であって、例えば、福岡藩、佐賀藩は二年に百日間、対馬藩は三年に四カ月、松前藩は五年に四カ月を、江戸に滞在することになっていました。江戸からの距離が考慮された事例ですが、福岡・佐賀藩の場合は、別に長崎警護の任を与えられていたからです。

同時に、人質として正室と世継ぎ男子を江戸に留め置くことも義務化されたのです。側室や男子でも世継ぎ以外は、この限りではありませんでした。

この制度は、家光の時代に突然現れ、制度化されたものではありません。歴史そのものがそうであるように、歴史上の出来事や現象はすべて一定の時間軸をもっていることを忘れてはなりません。参勤交代も、一定の期間を費やして成立したものなのです。

「いざ、鎌倉」という武家の心得を象徴した言葉がありますが、一朝（いっちょう）事ある際に鎌倉へ馳せ参じることは、最初の武家政権である鎌倉幕府に臣従した鎌倉武士たちの基本的な心得でした。鎌倉期の御家人は、鎌倉または京都へ駆けつけ、三カ月から六カ月の間警護を務めました。鎌倉か京都かは、御家人の所領の位置によって決められました。これを制度とみるか、習慣に近いものとみるかは論の分かれるところですが、これが江戸期の参勤交代の原型となっていることは間違いありません。

続く室町期足利政権時代にも、西国の守護大名は京都に、東国（とうごく）の守護大名は鎌倉に参集するという慣行があったのです。

そして、豊臣政権になると、秀吉は諸侯に伏見への伺候（しこう）を命じました。これに応じた大名が秀吉に臣従したことになり、応じなかった大名は「征伐」の対象となったのです。伏見には諸大名の屋敷が与えられ、家康も毎年時期を違えて伏見へ伺候しています。この時、正室と後継ぎの男子を伏見屋敷に住まわせることも条件となったところから、秀吉時代のこの形が江戸期の参勤交代の直接的な原型であったとみていいでしょう。

このように、武家政権にあっては、覇権を握った「天下人」のところへ参集する、伺候するという形式が、臣従を表す形として定着していったのです。

秀吉没後、豊臣政権下での主導権争いとして慶長五（１６００）年に「関ヶ原の合戦」が勃発、慶長八（１６０３）年に徳川幕府が成立しますが、この時点ではまだ豊臣宗家が存在しています。しかし、家康への実権の移行が確定的となり、伏見・大坂から駿府・江戸へと治世の中心地も移っていきます。

「大坂夏の陣」で豊臣宗家が滅亡したのが慶長二十（１６１５）年、「関ヶ原」から既に十五年が経っており、二代秀忠の時代となっていました。この政権移行の過渡期とも言うべき時期に、諸大名は当然政局の形勢を判断します。そして、江戸へ参勤する大名が次第に増えていったのです。

家康・秀忠は、これらの大名に屋敷地を与え、正室と世継ぎ男子の江戸在住を制度化していったのです。そして、三代家光の治世下、寛永十二（１６３５）年に「武家諸法度」を改訂するという形で公式に制度化されたのです。

つまり、江戸への参勤は、当初は大名の自発的な動きとして始まっているのです。各大名は、我が身の保身を考え、徳川家との関係を良好なものにしておきたかったというのが、もっとも強い動機であったということです。人質として妻子を江戸に常駐させることも、もともと大名が自発的に行ったことですが、参勤の制度化に伴って、これも義務化したということです。

人質については、当初は家老などの重臣も家族を江戸に留め置くことになっていました。

この人質は江戸城内の「証人屋敷」に収容され、「証人奉行」の監視の下で暮らしたのです。例えば、土佐藩では、江戸に常に3人の人質を置くために、常時重臣から7人の人質要員を確保しておき、二年ごとに国許の4人の中から1人を選び、江戸の1人と交代するという方法を採っていました。

この「証人制度」は、家康の五十回忌を機に廃止されました。あまり意味が見出せなかったと共に、幕府に統治に対する自信が芽生えてきたことが背景要因として指摘されます。

なお、妻子の江戸留め置きは、薩摩藩江戸家老伊勢貞昌の提言によるものとされ、同じく重臣家族の江戸留め置きは、〝日和見大名〟として知られる藤堂高虎の進言によって始まったものです。いずれも、現代流に表現すれば、〝営業的なごますり〟の匂いを感じさせることは否定できないでしょう。

いずれにしても、参勤交代とは、大名の将軍家に対する「軍役奉公」の一部であったことを改めて確認しておきます。そして、日光東照宮参拝、上野寛永寺、芝増上寺の火番役、五街道の補修などは、参勤に付随して含まれている奉公であると位置づけられます。

「武家諸法度」の寛永令において参勤を制度化するに際し、家光は以下の条文を盛り込んでいます。

従者ノ員数近来甚ダ多シ、且ハ国都の費、且ハ人民ノ労ナリ。向後ソノ相応ヲ以テコレヲ減少スベシ

つまり、最近供の人数が非常に多くなっているが、これは領地や領民の負担を増すものである、分に相応しい人数まで減らせ、とわざわざ命じているのです。

幕府は、最初から参勤にかける費用を案じ、行列などが大規模、華美になることを戒めているのです。それも当然で、これによって藩財政が破綻でもしたら、本来の役務である軍役が不可能となり、そうなれば本末転倒となります。封建システムの武家社会において、幕府にとって重要であったことは、諸大名が定期的に「伺候」してくることなのです。

確かに、結果として諸大名は藩財政に苦しみました。しかし、それはどこまでも結果論であって、諸大名の財政を悪化させるために幕府が企図して行ったかのようなこれまでの歴史記述には全く根拠がありません。

4　参勤交代と大名行列――その悲喜劇と意義

幕府は当初から参勤にかかる経費の膨張に懸念を表明していたわけですが、それでも諸大

名は見栄を張りました。もっとも分かり易い見栄とは、より多くの人の目につく参勤の行列です。幕府の戒めを無視して、財政悪化に苦しみながらも、大名たちは行列の見栄えにこだわったのです。

そもそも武家の行列とは、軍隊の行軍なのです。「軍役」である参勤交代の大名行列は、その典型とも言うべき構造をもっていたのです。

戦闘の基本的な陣形を「備」と言います。「備」は、前から最後尾まで定型としての順番、構造をもっています。この「備」の順番通り、定型通りに行軍することを「押（おし）」と言います。参勤交代の行列を始め、江戸城へ出仕する時の行列に至るまでの大名の行列は、すべてこの「押」が基本となっているのです。

「押」の基本は、次のような形をしています。

先手
鉄砲足軽
弓足軽
長柄足軽
本陣

持組
徒組
中小姓
大将
手廻り
小荷駄
惣供
騎馬
小荷駄

本陣の最前線「持組」は足軽で、大将の武器を持ち、管理するのが役割です。本陣を守るのは歩兵である「徒組」、「中小姓」は「小十人」とも言い、お目見得以上の者で「大将」（主君）を守ります。大将の傍には、更に側近や小姓が付きます。「手廻り」は、大将の日用品や武具を持ち、本陣の最後尾「惣供」は、側近や小姓の家臣のことです。

小田切春江／参府行列図（尾張家参勤交代図） 49／63
徳川美術館所蔵 ©徳川美術館イメージアーカイブ／DNPartcom

これに、上級武士である「騎馬」が続き、「備」の最後尾は、兵糧などの物資を馬で運ぶ「小荷駄（こにだ）」となります。

本陣の「徒組」は槍組の歩兵ですが、この徒組と「中小姓」、そして、大将の脇を固める側近、小姓は、れっきとした武士なのです。

本陣の後に続く「騎馬」は、上級武士であり、騎馬自身が家臣や「手廻り」などを伴って行列の一部を構成しています。これが、大身とも言うべき上級武士になると、彼に従う供がこの行列と同種の「備」とも言うべき構成の「供連（ともづれ）」を伴うことになるのです。つまり、大名行列の中にもう一つの同型の行列が存在することになり、大名行列とは重層的に成立しているわけです。

御三家の一つ紀州藩は、五十五万五千石という大藩でもありますから、「備」の規模も大きくなります。つまり、行列の規模が、基本的に長く、大きくなるのですが、この藩には一万石、三万石という大身の家老がいます。彼らが行列に加わったら、彼らの「供連」だけでも結構な人数となり、重層を成す行列全体は、大変な規模になってしまうのです。

実際に参勤交代の行列の規模は、どれくらいであったのでしょうか。宇和島藩伊達家の記録などから次のような数字がよく使われています。

・仙台藩伊達家　２０００〜３０００人
・鳥取藩池田家　７００人
・宇和島藩伊達家　３００〜５００人
・薩摩藩島津家　１９００人
・加賀藩前田家　２０００〜４０００人

これ以外に、天保十二（１８４１）年紀州藩徳川家の参勤交代の行列については、武士１６３９人、人足２３３７人、馬１０３頭という記録があり、ほぼ４０００人規模であったことを示しています。

近代陸軍の聯隊（れんたい）が大体３０００名規模ですから、これは大変な大規模行列と言えるでしょう。これだけの人数を常時抱えていたかといえば、そうではありません。

実は、参勤交代の行列だけでなく、江戸城出仕などのその他の時の大名行列には臨時の雇い人が多く含まれているのです。

右の紀州藩の「人足」２３３７人の殆どは、現代で言えば、臨時職員、派遣社員、アルバイト、契約スタッフなどであったはずです。彼らのことを、江戸期には「渡り者」と言いました。

江戸期には「人宿（ひとやど）」という、今で言う人材派遣会社のような商売があり、彼らは「人宿」から派遣されてきた臨時の奉公人なのです。この、「渡り奉公人」の内、日雇いや月雇いの者を「日用取（ひようとり）」と言いました。行列における中間、陸尺（ろくしゃく）（駕籠（かご）かき）、小者といった武家奉公人の殆どは「渡り者」であり、「徒」「足軽」「若党」といった下級武士にも「渡り者」が多かったのです。大名行列は、特に江戸城出仕を始めとする御府内の移動や日光参拝などの行列は、派遣スタッフ、アルバイト、契約スタッフによって成り立っていたと言っても過言ではありません。

なお、「人宿」は、同じ〝人材派遣業〟であった「口入屋（くちいれや）」とは違いますので、注意が必要です。どちらも、人足、奉公人などの斡旋をする点では同じですが、「口入屋」は吉原や岡場所を主たるビジネスの対象とする点で「人宿」と同列に扱うことは危険です。

いずれにしても、諸大名は行列そのものにも、このような経費を使い、格式を守ろうとしたり、華美を誇ったりしたのです。幕府は華美にならないように注意喚起をするのですが、大名の方が他藩の手前もあってなかなかこれに応じなかったというのが実情であったのです。ただ、このことが社会全体に対しては大きな経済効果を生んだことは紛れもないことで、主要街道の宿駅はこれによって大いに潤ったのです。

参勤交代にかかる費用は、藩の歳出の50％以上を占め、中には70％を超えることもあったと指摘する書き物が結構ありますが、この数字には注意が必要です。

参勤交代そのものにかかる費用は、大体ですが、歳出全体の5％から10％、中には20％近くになることもあったようです。これに江戸藩邸の維持費や江戸詰め藩士に支給する俸禄を始めとする経費すべてを算入するから50％とか70％といった数字になるのです。

とはいえ、それは内政にかける予算を圧迫するものであったことは間違いありません。そこで、大名たちは外に対しては見栄を張りつつも内実は倹約に努めます。

極めて一般的に行われたようですが、出立してしばらく藩内を通過する間は、武士も奉公人も正装とも言うべき服装を纏(まと)って、行列の人数も「渡り奉公人」を使って規定の人数より多くし、行列はゆっくり進みます。領内の民(たみ)に威厳を示すために他なりません。城下を出て外(はず)れまで来ると、「渡り者」の任務はここで完了、行列は半分程度の規模になり、「供連」全員は旅に適した軽装に着替え、予約している宿場を目指して行軍のスピードを上げるのです。江戸城へ上る日限は厳しく決められていたのです。

なお、江戸へ着く最後まで、行列の中には「渡り者」が多くいたことを付け加えておかなければなりません。

宿泊や食事は、宿駅を利用することが殆どですが、中には国許から食糧、調理道具一切を持参していて、自炊する藩もありました。宿駅には通常二つの「本陣」という大名専用の宿がありますが、その「本陣」近くに炊事場を設置、御膳係が指示し、炊事専門の下人が全員の食事を賄うのです。炊事のために地元住民が雇われることもありました。中には、藩主と重臣の食事のみを自炊し、残りの者の食事だけ宿に任せるというケースもありました。

このような事例は、意外に多かったようです。元禄元（１６８８）年の土佐藩山内家の参勤行列は、本隊が１４７４人から成っていましたが、その中に19人の御膳係が含まれています。先行隊４７１人、「跡達（あとだち）」５８６人の中には御膳係はいませんでしたから、本隊の19人は藩主と重臣たちのための炊事担当であったことが窺われます。

大和郡山藩の行列が、ある茶店で休憩をとったのですが、茶代として二百文しか置かなかったことに腹を立てた茶店の主人が、

「御禄高十と五万石、松平甲斐守様御茶代二百文、有難く存じ奉る」

と大音声（だいおんじょう）で言い放ったと言います。これによって面目を失った会計方の藩士はその場で切腹したということです。

外向けと内輪を切り離し、家臣団は経費節減に大変な苦労をしたわけですが、経済的な問題だけでなく、精神的にも参勤はストレスが連続して重くのしかかる務めであったのです。勿論、それは家臣団だけでなく、藩主にもプレッシャーのかかる旅であったのです。

他の大名行列と鉢合わせにならないように、半年も前から綿密に立てた旅程も、天候、川

留め、足留め、藩主の体調不良などがあると、たちまち狂いが生じます。一つの狂いは、宿のキャンセルと新たな手配を必要とし、駅馬や人足についても同様のことが起こり、整備されていた江戸期の街道サービスネットワークに大混乱をもたらすのです。

行列の宿泊がキャンセルされ、キャンセル料をめぐって宿駅の本陣・旅籠（はたご）の主人たちと大名家との間でトラブルが発生することは珍しいことではありませんでした。時に、幕府に訴え出る宿駅もあったのです。

行程の混乱によって予期せぬ大名行列同士の鉢合わせが発生することもありました。尤も、大名行列同士の鉢合わせについては、厳密な作法が存在したのです。御三家尾張藩と紀州藩の行列に遭遇した場合は、もう一方の大名は、駕籠から降りて礼をしなければなりません。御三家の両藩以外の格上大名の行列と遭遇した場合は、駕籠から降りる必要はありませんが、必ず駕籠を停止させ、戸を開けて会釈することが作法なのです。

大名行列同士の遭遇に際しては、使者を送ることが基本です。同格同士の大名間なら使者の交換ということになりますが、使者を送る時にはいずれにしても「手土産」が必要となります。こういう時の品の準備も怠ることはできないのです。

文化七（１８１０）年、大番頭永井大和守と阿波藩蜂須賀家の行列が行き合いました。場所は、東海道大磯宿。永井家中の目付格が蜂須賀家中に笠をとるように命令、蜂須賀家中がこれを拒否したところ、永井家中が道をふさいで蜂須賀家の行列を停止させたのです。永井家中が改めて笠をとることを要求、蜂須賀家中は従わず、結局これが両家の大トラブルに発展したのです。

これについての幕府の裁定は、原因を永井家中の「無礼」「がさつ」「不埒（ふらち）な振る舞い」及び「不法行為」とし、永井大和守は蟄居（ちっきょ）を申し付けられました。同時に幕府は、蜂須賀家も永井家に対して「相応の敬意」を払うべきであったとの付帯見解を付けています。なお、ここで言う「不法行為」とは、天下の公道をふさいだことを指しています。

この一件は、行き違う時は双方が路肩に寄るという基本的な作法を守っていないことに加え、使者を送るという慣習を怠っていたことが原因と考えられます。

大名行列のトラブルといえば、文久二（１８６２）年に起きた「生麦（なまむぎ）事件」が有名です。薩摩藩島津久光の行列を横切ったC・L・リチャードソンが薩摩家中の者に「無礼討ち」に遭った事件ですが、これについてはリチャードソンの本国大英帝国のメディアも非はリチャードソン一行にあるとしていることを述べるにとどめておきます。

武家にとって、名誉、儀礼、作法というものが如何に重要であったかを示す事件であったと言えるでしょう。

家臣団にとっては艱難辛苦（かんなんしんく）を伴う参勤交代でしたが、大名同士で流血事件が発生したことはありませんし、庶民が「無礼討ち」に遭ったということもまずありません。

大名行列に対しては道を譲ること、下馬すること、敬意を示すことという基本さえ守っていれば何の問題もなく、目の前を通り過ぎた瞬間から、庶民にとってそれは楽しい見世物と同様であったのです。土下座しなければならないのは、御三家尾張家と紀州家（水戸家は江戸定府）の行列だけです。敬意を示す形は、道端へ控え、片膝をついていればそれでいいのです。

何やかやと苦労の多かった参勤交代は、我が国のナショナルな文化形成に大きな貢献をしました。地方の文化が江戸へもち込まれ、江戸の文化が地方へ拡散されました。時に、地方と地方の文化的な繋がりさえ発生させています。これまでは、江戸の文化を地方へ普及させたという一方通行的な考え方が主流でしたが、少なくとも双方向の文化の流れがあったことは確かです。むしろ、コンスタンチン・ヴァポリス氏が指摘するように、江戸は文化の「中継地」となったのです。

この現象を成立させたものが、街道を移動する行列であり、藩士たちの「江戸体験」であったというわけです。

幕府もこの「移動」という流れを利用しました。

八代将軍吉宗は、銅貨の流出を食い止めるために、輸入品の国産化計画を推進しましたが、例えば、朝鮮人参の苗木を参勤してきた大名たちに配り、それぞれの領内で栽培することを奨励しています。水戸藩では、これを百姓に配り、やはり栽培を督励したのです。

江戸を中継地として各地の文化が各地へ拡散していったという現象は、各地の文化領域に必要な一定レベルの均質化をもたらし、新しい国家レベルの普遍性も生み出しました。それは、物質文化だけでなく、精神文化においても成立したのです。更に重要なことは、江戸において人的交流が発生し、成熟したことです。言葉も風習も異なる六十余州から、当時の読書人階層であった武家が江戸という文化的に成熟した一つの都市に集まるのです。彼らの間に交流が生まれたのは必然であり、多くのサロンとも呼ぶべき機会と場も生まれていったのです。「江戸留守居役（るすいやく）」というような上級武士の間でも、留守居役組合とでも呼ぶべき集まりが生まれているのです。時間にゆとりのあった一般の藩士は、民間の文化的サロンに盛んに顔を出しました。このような現象があって、江戸末期から武家の間に急速に国家意識というものが醸成されていったのです。

ややもすると幕府と大名の政治的関係という視点でしか論じられてこなかった参勤交代とは、掘り下げていくと、武家社会の縮図のような構造をもっていると共に、経済領域、文化領域両面において実に複雑多岐な影響を与えるものであったと言えるのです。

第四章

鎖国をしていなかった江戸時代

1 鎖国という言葉

「鎖国」という表現は、言葉としてはなかなかうまい言い方であると思います。

江戸時代、我が国は諸外国との交際、つき合いを一切行わず国を閉じていたとし、明治以降私たちはこの状態を「鎖国」というひと言で表現してきました。諸外国との交際をしないということは交易も行わないということであり、江戸期日本は日本列島を住処（すみか）として自給自足の生活を営んでいたということになります。

自給自足の生活を維持していたということは、概（おおむ）ね正しいと言えるかも知れません。但し、寸分違わず、蟻（あり）一匹入り込めぬという精緻さを以て国を閉じていたわけではないのです。密入国したり、密入国を図った宣教師も少なからずいましたし、外国船に救助され、数年後に帰国してきた漁師もいます。勿論、これらはあくまで例外的な、いってみれば埒外（らちがい）の事例であって、ここで述べておきたいことは、政策として、体制としてそういう精緻さで国を閉じていたことは全くないという意味なのです。

既に、広く知られている通り、江戸期には「四口」と言われる四つの対外貿易窓口がありました。長崎口、対馬口、薩摩口、蝦夷口がそれです。私たちが教えられてきたこれまでの歴史教育では、対外貿易は出島（長崎口）を経由して細々とオランダと交易していただけということになっていましたが、これは実態とはかなり異なるのです。

対馬口は、対朝鮮貿易の窓口でしたが、長崎・出島のように幕府が直接その交易を管理していたわけではありません。対馬藩は、幕府の対朝鮮外交を中継ぎする役割を担っていました。その〝見返り〟という形で対朝鮮貿易を独占的に行っていたと言った方が実態に近いでしょう。

同様に幕府は、薩摩藩島津家による対琉球貿易、或いは琉球を経由した貿易、松前藩松前家による対アイヌを含む北方貿易を認めていたのです。薩摩（薩摩口）、松前（蝦夷口）の場合は外交的要素を全くと言っていいほど含んでいませんでしたので、委託したというより特例として認めていたと言った方が更に実態に近いと思います。

そもそも「鎖国」という言葉を江戸幕府が使っていたかといえば、そういう事実を私は知りません。

嘉永六（１８５３）年、ペリー来航の際、幕閣の間で初めてこの言葉が使われたという如何にもっともらしい説がありますが、これはどうでしょうか。あり得ません。

また、当時、鎖国について使われたのは「祖法」という表現であって、鎖国は先祖から受け継いだ犯してはならない祖法であるという意味で使われたという説もよく聞きますが、

「鎖国祖法」という言い方も、後世の造語であるようです。（大島明秀『「鎖国祖法」という呼称』熊本県立大学）。実は、「鎖国」という言葉が広く一般に普及したのは明治になってからのことなのです。

鎖国という言葉やその概念については、研究書としては、大島明秀氏の『「鎖国」という言説　ケンペル著・志筑忠雄訳「鎖国論」の受容史』（ミネルヴァ書房）が、もっとも精緻に論述していると思われます。大島氏は、日本人の鎖国意識が、日本人の閉鎖性や単一民族意識、他者に対する優位意識など、その歴史観や民族としての発想を規定してきたことを指摘し、これを単なる言葉としてではなく、「言説」と捉え、「未来に開かれた社会を構築していくためには」この、日本人の発想を規定している「鎖国言説」からの解放が必要であると説きます。この主張には、私は全く同意するものです。

鎖国文化論とも言うべき大島氏の鎖国言説論は実に細密で、その他の多くの鎖国関係資料そのものがこれをそのまま借用しているのが現状です。

また、七十年代から日本近世史の見直しを説き続けているロナルド・トビ氏は、『「鎖国」という外交』（小学館）において、鎖国＝日本の悲劇というストーリーが語られてきた経緯を解き明かし、日本が歴史的にアジアの一員であることを無視してヨーロッパとの関係だけを切り離して論じてきたことを鋭く喝破した上で、近世日本＝江戸期の外交方針が決して

「国を鎖す」という消極的なものではなく、徳川幕府が主体的に選択したものであったことを明らかにしました。

両氏は直接的な言及を避けていますが、その研究成果は明らかに「鎖国」という江戸期を象徴するとされてきた体制が後世の創作であることを示唆しているのです。後世とは、言うまでもなく明治新政権から始まる今の時代のことです。

要するに、鎖国ということについて私たちが基本的に知っておかなければならないことは、以下の事柄です。

まず第一に、鎖国という言葉は江戸期全般を通じて存在した言葉ではなく、明治になってから普及した言葉であるということです。

この言葉の初出は、オランダ語通詞志筑忠雄（中野忠次郎）による訳本で、西暦で言えば１８０１年のことでした。この訳本の写本を『鎖国論』と言っており、鎖国という言葉はここから出たとするのが定説です。志筑が訳した原本は、元禄三（１６９０）年に来日した北部ドイツ出身の医師エンゲルベルト・ケンペルが帰国後に書いた論文です（刊行されたのは彼の死後）。英語で刊行されたこの論文のオランダ語訳本を志筑が訳したのですが、そのタイトルが長過ぎました。『日本王国が最良の見識によって自国民の出国及び外国人の入国、交易を禁じていること』（大島明秀氏）というのですが、志筑は、翻訳本文中に使った一語からこれを『鎖国論』と題したのです。江戸期日本でこれは出版されるに至らず、限られた範囲に写本として伝わっただけで、そのこともあって鎖国という言葉が江戸社会の一部にでも広まることはなかったのです。

第二に、例えば「鎖国令」というような一つの法令が発せられて海外との交流が禁止されたわけではないということです。

次節で述べますが、そもそも鎖国令という名称の法令など、存在しません。鎖国という言葉の成立について触れたばかりですが、そのことによってこれは既に明白です。

ところが、初等、中等教育の現場ではこのことが意外に無視されているようで、大学生でも鎖国令という禁令を幕府が発して江戸期の日本が諸外国との交流を自ら絶っていたと信じている者が多いことに驚かされます。大学生だからではないか、と言われれば、もはや返す言葉はありません。

平成二十九年、遂に文部科学省は答申を受け容れ、次期学習指導要領の実施を機会に学校教科書から「鎖国」という言葉を削除することを決定しました。ところが、驚くべきことに、教育現場の先生方がこれに強硬に反対したのです。その理由がふるっています。「開国」という言葉が教科書にあるので、それに対する「鎖国」がなければおかしいというのです。何という詭弁でしょうか。これが、今の教育現場の論理レベルなのです。

第三に、後世言われる鎖国という状態、体制は、時間をかけてステップを踏んで完成したものであるということです。

「関ヶ原の合戦」に勝利した徳川家康が慶長八（１６０３）年に征夷大将軍に任じられ、江戸幕府＝徳川幕府の時代、即ち、江戸時代となります。江戸時代に入った途端に〝鎖国〟政策が採られたかといえば、そういう史実はなく、この政策は二代将軍秀忠、三代将軍家光の治世下において順次形を整えていったものなのです。幕府を開設した家康にはむしろ、国を閉ざすとか海外との交易を禁止するといった意志、意向は、特に開幕初期においては全く感じられません。家康が、イギリス人ウィリアム・アダムスやオランダ人ヤン・ヨーステンを厚遇したことはあまりにも有名ですが、当時平戸を拠点として対日貿易を展開していた両国に、江戸に近い浦賀に商館を開設するように強く勧めたほどです。では、幕府は何故、いわゆる鎖国体制を採るに至ったか、これについても次節以降で詳述しましょう。

第四に、いわゆる鎖国の眼目は、幕府による貿易管理にあるということです。貿易独占と言っていいかも知れません。

切支丹（キリスト教）の禁令から始まり、後に海外渡航も禁止したため、このテーマはややもすると政治外交的側面のみで語られるようですが、眼目はどこまでも貿易管理であったのです。海外交易による利潤は、実に大きいものがありました。「小さな政府」であった徳川幕府としては、外様雄藩、西国雄藩が海外交易によって潤沢になることは脅威であったのです。現実に幕末の薩摩藩などは、密貿易によって大きな利益を上げ、密貿易収入がなければ藩財政が成り立たなかったと言われています。薩摩藩が握っていた琉球貿易は大いに儲かったようで、「船一艘で蔵が建つ」と言われていました。つまり、一航海するだけで蔵が建つほどの利潤が期待できたのです。もともと火山灰台地である薩摩の土地は米作には不向きで、単位当たりの収量は多くありません。米を基軸とする江戸期の経済システムの中で各藩は、和紙、漆器、生糸、塩、更には染料やお茶など、それぞれの特産品の増産を図って現金収入を確保しようとしましたが、薩摩には何があるでしょうか。煙草、砂糖ぐらいでしょう。それとて薩摩藩内でも産地が限られ、とても生糸や漆器、お茶などに敵(かな)うものではなかったのです。かくしてこの藩は密貿易に頼りました。この藩にとって密貿易は〝特産品〟であったと言っても過言ではなかったのです。

それにしても、「尊皇攘夷」の強硬論を黙認するかのように己の立場として装っていながら、対外協調路線を採った幕府に抗して遂にはこれを倒した薩摩藩が、密貿易とはいえ海外交易の利潤によって成り立っていたとは実に奇妙な話のように思えますが、こういう点にも明治以降の官軍教育の意図的とも言える不備があるのです。

いずれにしても、鎖国ということについては、以上の四点を基礎的な知識とした上でその実態を考えていく必要があるでしょう。

即ち、

・鎖国という言葉が、江戸期全般を通じて存在した言葉ではなく、明治になってから普及した言葉であること、

・鎖国令という名称の一つの法令があって、いわゆる鎖国状態を作り出したという史実は存在しないこと、

・いわゆる鎖国状態は、時間をかけてステップを踏んででき上がっていったもので、江戸幕府成立と共に政策として採られた措置ではないこと、

・いわゆる鎖国の眼目は、幕府による貿易管理にあったこと、

以上、四点です。

私が、中学、高校で受けた日本史教育では、この四点はすべて欠落しており、幕府が頑迷（がんめい）に守り通そうとした不条理な排外主義としてネガティブに教え込まれたのです。

2　存在しなかった「鎖国令」

江戸時代とその社会の仕組みや価値観に対する誤解は、多岐に渡ってさまざまに存在しま

すが、それらの多くは維新勢力による恣意的な面が強いので、中には単なる誤解とは言えない悪質な事柄も多々あります。その最たるものが、江戸期日本が〝鎖国〟を行っていて、世界各国と途絶した状態、国柄を作り出して、世界から完璧に孤立し、これによって野卑で陋習に満ちた恥ずべき国になっていたというものでしょう。

ここまで述べてきたことによって、それが完璧な誤りであることは、一部についてはご理解いただけたことと信じます。「鎖国言説」とも言うべきこの誤解については、「鎖国」という言葉が成立した経緯と共に、前節で述べた通りです。

繰り返しになりますが、江戸期日本が国を鎖したという事実は存在しません。益して、「鎖国」という言葉もない時期に「鎖国令」などという法令が存在するはずはないのです。

では、「鎖国」という言葉が存在しない当時は、一体どういう言葉が使われたのでしょうか。それは、単に「御禁制」であり、略して「御禁」、時に「海禁」と言われただけなのです。

ところが、今もなお「第一次鎖国令」「第二次～」などと歴史書の類でも公然と表現されていますが、「御禁制」が出された時期と簡略にその内容を列記しておきましょう。

寛永十（１６３３）年　海外在住日本人の帰国を制限
寛永十一（１６３４）年　（前年とほぼ同じ内容）

寛永十二（１６３５）年　海外渡航・海外在住の禁止　帰国の禁止
寛永十三（１６３６）年　切支丹訴人に対する懸賞金の増額
寛永十六（１６３９）年　ポルトガル船の来航禁止

一般に「鎖国令」などと言っているものの内容は、右のようなものであったのです。徳川幕府の外交政策を考える時、一貫して強烈に貫かれていた軸は「キリスト教の禁止」です。外交政策のみならず、これは江戸国家体制の維持という視点でみても、国家の基本方針という位置づけをされていたと言っていいでしょう。

徳川幕府の体制を論じる時、今なお多くの学者が「切支丹の弾圧」を大前提とした体制であるという意味のことを実に屈託なく、軽々しく述べてから本論に入ります。

私は今、「キリスト教の禁止」が軸であったと述べました。多くの学者は、「弾圧」を大前提とした体制であるとします。

「禁止」と「弾圧」。一部通じるようにも聞こえるこの二つの言葉の背景には、私は、誇張ではなく百八十度異なる歴史観の対立があると感じているのです。

鎖国という言葉が明治以降に一般化した言葉であることは既に述べた通りですが、ここでは、後にその言葉で呼ばれた江戸期の対外関係の状態を、論旨の理解を優先して、便宜上そのまま「鎖国」と表現することにします。

鎖国がどういうステップを踏んで形成されていったかをふり返っておきたいのですが、基盤に横たわる問題として戦国末期まで遡（さかのぼ）らないと鎖国に至る政権担当者のメンタリティというものを理解できない歴史事実が存在するのです。ここまでの話と多少重複する部分もありますが、これを避けて鎖国を論じることはできないのです。

鎖国と聞くと、私のような官軍教育で歴史を叩き込まれた世代は、まず長崎出島を連想します。国を鎖して海外との一切の交流を絶ってはいたが、唯一長崎出島のみで細々とオランダと交易していたと教えられてきたのです。このこと自体は全くの誤りとは言えませんが、参勤交代と共に鎖国政策を徳川幕府を支えた二大統治施策であったと教えていたことを思うと、あまりにも不十分な授業であったと言わざるを得ません。

周知の通り、徳川幕府成立以前から、即ち、安土桃山時代から南蛮貿易が行われていました。交易相手は、ポルトガルとスペインですが、圧倒的にポルトガルとの貿易量が多く、南蛮貿易とはポルトガルとの交易であったとしても実態として間違いではありません。

もともと南蛮という言葉なり概念は漢民族のもので、「中華に帰順しない南の未開人」を指す蔑称であったのです。特にヨーロッパ人を指した言葉ではなく、中華思想では北方に住む未開人を「北狄（ほくてき）」、東に住むそれを「東夷（とうい）」と呼びました。中国（漢民族）からみれば、古くは日本人は東夷であったのです。尤（もっと）も、朝貢（ちょうこう）すればそれはもう夷狄（いてき）ではなくなるのです。実に勝手な概念ではありますが、日本人はこの言葉を借用したのです。

ところが、我が国では南蛮という言葉をヨーロッパ人に当てはめたのです。何せ島国のこと故、南も海であって、南の海からやってきた野蛮人ということで、狭義にはスペイン人、ポルトガル人を指し、北ヨーロッパや更に北のイギリス人やオランダ人に対しては「紅毛（こうもう）」という言葉を使いました。「紅毛」も南の海からやってきたのですが、一定規模以上の来航はポルトガル人、スペイン人の方が先であったのです。もし、信長や秀吉に拝謁するほどのヨーロッパ人が圧倒的に多くイギリス人であったなら、イギリス人が南蛮人と呼ばれていたかも知れません。

それはともかく、漢民族が南蛮や北狄を純粋に蔑称として用いたのに対し、我が国では直ぐに蔑称というより、異国のもの珍しい人や文物を意味するニュアンスが強くなったのです。スペインやポルトガルとの交易、即ち、「南蛮貿易」が始まると、比較的直ぐに「南蛮渡来」という表現が使われたようです。「南蛮渡来」とは、南蛮人、即ち、スペイン人やポルトガル人がもたらした珍しいもののことを指しました。後世の「舶来品」と全く同義なのです。

さて、その南蛮人が初めて日本に来航したのは、１５４３年とされており、それはポルトガル人であって、彼らが種子島に鉄砲を伝えたということになっていますが、これが間違いのない史実かどうかは意外に定かではないのです。バスク人の宣教師フランシスコ・ザビエルが１５４９年に来航し、我が国にキリスト教を伝えたことは定説となっており、大体十六世紀の半ばから南蛮人の渡来が始まったと考えておけば、大きな間違いはないでしょう。

実はここから、江戸期に鎖国と呼ばれた閉鎖体制を採るに至った、鎖国の遠因とも言うべき事態が現出するのです。

3　切支丹による仏教弾圧と人身売買

世界史的に言いますと、時は大航海時代。十六世紀中頃に我が国に鉄砲という武器、キリスト教という排他的な一元思想が伝わってきたのも、その流れの〝飛沫〟のような現象であったと言えるでしょう。この飛沫が飛沫に留まらず、奔流となって本流に呑み込まれていたら、我が国は確実にスペイン、ポルトガルによる「世界分割」の一片のパーツとして扱われていたに違いありません。

スペイン人、ポルトガル人、即ち、南蛮人の渡来目的は何であったのか。私たちは、単純にキリスト教の布教であると考えてきました。そのように教えられてきたのです。

確かに、まず渡航してきたのが宣教師たちであったという事実から、それは間違いであるとは言えないかも知れません。では、布教だけが、或いは布教と交易だけが目的であったかといえば、そのようなことはあり得ないのです。何のために布教するかを考えてみれば、それは明白でしょう。

この時代のキリスト教宣教師たちのキリスト教圏外への布教とは、宗教のもつ根源的な善意の教宣意識から発した行動のみではないのです。結論から言えば、布教の最終目的は布教地の征服であったのです。征服の形が産業革命の進展と共に「植民地化」という形を採ることになりますが、要するに民族という枠を無視、または排除して同一宗教化するということです。これは、キリスト教という一元思想的な性格をもつ宗教が本質としてもっている膨張主義であると考えることができますが、後世共産主義という思想が民族、国家の枠を越えて常に対外膨張を志したのも、結局はそれが一元主義的思想であるからだと考えられるのです。今日的には、この一元主義の克服こそが世界的な課題であることは否定のしようがないのです。

メキシコから南米にかけて高度に栄えたアステカ文明、インカ文明を、スペイン人が抹殺してしまったことを思い起こせば分かり易いはずです。この出来事は、野蛮人が文明国を侵略した典型事例であると言ってもいいでしょう。当時のスペイン人やポルトガル人には、何が野蛮で何が文明かの区別すらついていなかったとも言えます。

スペイン・ポルトガルが両国で世界を分割しようと真面目に考えた（トルデシリャス協定）十六世紀以降、即ち、戦国末期から江戸期にかけて日本でキリスト教布教を展開した中心勢力が、イエズス会でした。

イエズス会とは、「教皇の精鋭部隊」とも呼ばれる男子の修道会で、中心的な創立メンバーが騎士たちであったせいか、多分に軍隊的、戦闘的な性格を帯びていたのです。フランシスコ・ザビエルは、その創立メンバーの一人でした。ザビエルと並んで我が国でよく知られているのは、織田信長の庇護を受け、有名な『日本史』を著したルイス・フロイスでしょう。

ルイス・フロイスは、永禄六（１５６３）年に来日しましたが、彼が活躍した時代とは、大雑把に言えば信長・秀吉の時代です。私たちは、この時代の後半を安土桃山時代と呼んだりしますが、打ち続く戦乱が終息していたわけではなく、安土桃山時代とは、末期ではあってもまだまだ戦国時代であったと認識すべきなのです。フロイスも、その著作『日本史』(平凡社・中央公論社）において特に九州で行われた大小多くの戦についてその実相を伝えています。

フロイスも見聞した我が国戦国期の戦の実態については既述した通りですから、できるだけ簡略に話を進めます。ただ、このことは江戸期の鎖国を成立させたことに繋がる要因として無視できないことですので、ポイントのみは多少の重複を恐れず整理しておきたいと思います。

戦国期の戦の主役は武士（騎馬）ではなく、圧倒的に雑兵であったということを、先に述べました。戦国期の「侍」とは武士のことではなく、武家の奉公人で戦場で主人を助けて戦闘に参加する若党や足軽のことを指します。主人の馬を引いたり、槍を持ったり、或いは食糧などの物だけを運ぶ者は、中間（ちゅうげん）や小者、「荒らし子」たちであり、彼らは総称して「下人」と呼ばれました。この「侍」や「下人」が戦場における雑兵であり、「侍」の中には〝臨時雇い〟の者も多く含まれていたのです。臨時雇いとなると、それは「傭兵」ですが、私たちは傭兵と聞くと我が国の戦の歴史には無縁であるかのような印象をもってしまいがちです。ところが、我が国戦国期の戦場にも傭兵は普通に存在したのです。

戦の主役である、傭兵を含む雑兵は、戦場で何をやったか。これについては、殆ど例外なくはっきりしています。乱獲り（らんどり）、掠奪、生産破壊です（掠奪も含めた濫妨狼藉（らんぼうろうぜき）を乱獲りと総称することもあります）。これらは、放火や強姦などを伴い、時に戦術として展開されました。

雑兵たちのこういう行為を、例えば倫理の欠落だとか、例えば極悪非道と言うのは容易（たやす）いことでしょう。しかし、雑兵たちは、生きるために合戦に参加し、生きるために掠奪を行っていたこともまた、紛れもない真実なのです。

この時、掠奪の主たる対象は何であったのでしょうか。食糧と人です。そして、よりいい稼ぎになったのが人であって、人の掠奪という事実を無視して戦国期の戦の実相というものは語れないのです。更に推し進めて知っておくべきことは、主に九州の戦場における掠奪した人の売買、即ち、人身売買に、イエズス会や南蛮船が深く関わっていたという史実です。実はこのことが、鎖国と呼ばれる政権の採った政策の背景に厳然と横たわっているのです。史実としての鎖国というものを理解するには、少なくとも戦国の戦場で繰り広げられた人の掠奪とその売買の現場まで遡る必要があるということです。

掠奪の対象の中心が物より人であったとは、どういうことなのでしょうか。餓死を防ぐには、とりあえず食糧を掠奪すればそれで事足りるはずです。そもそも人の掠奪が、なぜ、どういう形で「稼ぎ」になったのでしょうか。

九州で繰り広げられた殺戮と乱獲りの様子については、ポルトガル人宣教師フロイスが豊富な記録を残しています。

ルイス・フロイスに改めて触れておきましょう。

フロイスは、ポルトガル出身の宣教師、イエズス会会員として戦国期の日本で布教活動を行い、織田信長、豊臣秀吉にも謁見したことで知られます。その著作『日本史』は特に著名ですが、その他、永禄六（１５６３）年、長崎・横瀬浦に上陸し、慶長二（１５９７）年、長崎で没するまでの三十四年の間に『イエズス会日本通信』『日欧文化比較』『日本二十六聖人殉教記』など戦国期社会の解明に欠かせない貴重な資料を残しています。

戦場で掠奪に遭った者は、物と全く同じように売られるのです。召使いとして掠奪した側に使役されるということも勿論ありましたが、その種の需要だけなら合戦においてあれほど大規模な生捕りは起きないはずです。物として売ることによってはじめて「稼ぎ」になるのです。

かなりの数の生捕りに遭った日本人が東南アジアで売りさばかれました。このことは、誰も否定できない、記録にも残る明白な事実です。一説によれば、その数は少なくとも10万人を超えるとされています。

彼らの多くは、「軍役に堪える奴隷」「軍事に従う奴隷」として重宝（ちょうほう）されたのです。その中心地は、マニラ、マカオ、シンガポール、シャムなどでした。彼らを東南アジアに運んだのは、主にポルトガルの黒船です。そして、初期においてはイエズス会自身が、この奴隷売買に加担したことが判明しているのです。神の名をかたり、奴隷売買に加担していたのです。この事実が、日本人に、時の日本の政権に、ポルトガル人＝切支丹の恐ろしさを焼きつけることになってしまったのです。

前述したルイス・フロイスは「奴隷売買」についても多くの記録を残しました。以下も、その一つです。

三会や島原の地では、時に四十名もの売り手が集まり、彼らは豊後の婦人や男女の子供たちを、貧困から免れようと、二束三文で売却した。売られた人びとの数は夥しかった

これは、肥後の者が島津軍から戦争奴隷を買い取ったものの、飢饉となって奴隷すらも養い切れず、島原で転売した時の様子です。フロイスは「二束三文」と表現しますが、そういう安値で叩き買ったのは誰なのでしょうか。この点だけはフロイスは黙していますが、それはポルトガル商船であったというのが、藤木久志氏をはじめとする複数の研究者の見解、推断なのです。

私たちは、「奴隷」という言葉に非常に疎(うと)い面があります。アメリカへ売られてきたアフリカからの奴隷のことは知っていても、自国の長い歴史の中に「奴隷」の存在があったことを知ろうともしません。乱獲りに遭って捕獲物として二束三文で売り買いされた人びとは明らかに「戦争奴隷」です。そして、この存在が伴天連(バテレン)禁止令、鎖国と深く結びついていることを知らなければなりません。

当時、マカオやマニラには多数の日本人奴隷がいました。九州では、伴天連の協力を得て、ポルトガル商船が多くの日本人男女を買い取り、平戸と長崎からせっせと東南アジアに積み出していたのです。伴天連たちにとっての権威であるイエズス会が、日本から少年少女を奴隷として積み出そうとするポルトガルの人買い商人に輸出認可証を発行していたのです。

天正十五（１５８７）年、豊臣秀吉は「島津征伐」（九州征伐）を敢行し、島津氏を破り、遂に九州全域を支配下に置きました。この時点で、秀吉は北条氏支配下の東国以北を除く日本列島のほぼ半分を支配下に置いたことになります。島津征伐の軍を返す時、秀吉は博多でイエズス会宣教師コエリュを詰問します。ポルトガル人が多数の日本人を奴隷として買い、南方へ連れて行くのは何故か、と。

この時、コエリュは「ポルトガル人が日本人を買うのは、日本人がポルトガル人にそれを売るからである」と、〝見事な〟回答をしているのです。コエリュの回答は、「売る」方がいるから「買う」者が出現する、買われて困るのなら、売らなければいいという、当時のヨーロッパ人らしい傲慢（ごうまん）な開き直りであったと言えましょう。

宣教師ガスパール・コエリュ。インドのゴアでイエズス会に入会し、ポルトガルのアジア侵略拠点マカオを経て元亀三（１５７２）年に来日、長崎南部の加津佐を中心に活動しました。『イエズス会日本通信』を著した人物といえば、学校で習ったことを思い出される方も多いことでしょう。
この『イエズス会日本通信』が書かれたのは天正十（１５８２）年ですが、この年、「天正遣欧少年使節」がローマを目指して旅立っています。コエリュによれば、この時点で、日本のキリシタンは、有馬・長崎・大村・平戸・長崎、そして京・安土を中心にして約15万人に膨れ上がっていたということです。

有名な４人の「天正遣欧少年使節」は、キリシタン大名大友宗麟、大村純忠、有馬晴信の名代としてローマへ派遣されたものですが、彼ら大名の領内はキリスト教以外の宗教を認めないというほどのキリシタン独裁国家であったのです。私たち日本人は、明治以降の官軍教育によって、伴天連＝キリシタンは一方的に迫害を受けた宗教弾圧の被害者であったとしか教えられていませんが、この時代の九州においては全く逆です。

キリスト教という宗教は、一元主義の排他性の強い宗教ですが、その特性通り彼らは仏教をはじめとする他の宗教を徹底的に弾圧しました。大村純忠領内では強制的な改宗が展開され、百姓領民はことごとく伴天連に改宗させられ、その数は4万人に達しています。また、有馬晴信は、仏僧に改宗を迫り、これを拒んだ僧を追放し、約四十に及ぶ寺社を破壊しました。拙著『明治維新という過ち』において御一新直後の薩長新政権による気狂いじみた「廃仏毀釈」について述べましたが、あれと全く同じことが「天正遣欧少年使節」の故郷で行われていたのです。宣教師たちは「仏僧は諸人を地獄に落とす者であり、この国の最良のものを食い潰す存在である」と民を煽動しました。現在も長崎県南部では、破壊、焼き打ちの結果として当時の仏教石造物、寺社建造物は存在しません。

前述したルイス・フロイスも、実は激しい弾圧を行った張本人の一人なのです。人びとが有馬の仏像を口之津近くの小島の洞窟に移して隠そうとしましたが、これを捕え、大きい仏像を燃やし、小さい仏像を見せしめとして仏教徒の子供たちに村中を引き回させたのです。

当時の宣教師たちは、自ら認めているように日本侵略の尖兵であったのですが、仏教徒をはじめとする既存宗教に対する弾圧者としての彼らと伴天連たちの実相を一度白日に晒し、彼らの罪業は遡って糾弾されなければなりません。

「伴天連ら、日本仁（人）を数百、男女によらず黒船へ買い取り、手足に鉄の鎖を付け、船底へ追い入れ、地獄の呵責にもすぐれ〜」という当時の記録が残っています。どうやらイエス様もマリア様も、日本においては伴天連以外は人間としてお認めにならなかったようなのです。

既にこれ以前より、奴隷と武器は東南アジア向けの日本の主力輸出品でした。弘治元（1555）年に多くの日本女性がポルトガル商人によってマカオに輸入されていることが、マカオ側の記録によって確認されています。

ところが、当初ポルトガル商人に対して日本人の輸出認可証を発行していたイエズス会は、日本人奴隷の輸出が日本における布教の妨げになることに気づき始めます。日本侵略という本来の目的に照らせば、本末転倒になることに気づいたのです。このことは、織田信長や九州のキリシタン大名たち以外の日本の権力構造を構成する戦国大名たちにも彼らの視線が広く、深く注がれるようになったことを意味するものです。信長に庇護され、九州のキリシタン大名だけを相手にしている時代は、事は簡単にみえたのです。

ところが、信長亡き後、権力が豊臣秀吉に移り、キリシタン大名たちの勢力というものも俯瞰してみてその勢力規模も認識するようになり、日本の武士階級の精神構造にも理解が深まっていくと、戦場から吐き出されてくる捕獲物としての日本人を自国の商人へ安易に売り渡し、暴利を貪(むさぼ)っていることが布教の障害になることが明確になってきたのです。

そこでイエズス会は、一転して本国の国王に日本人奴隷の売買を禁止するよう要請しました。これを受けてポルトガル国王は、元亀元(1570)年、日本人奴隷取引の禁止勅令を出すに至ったのです。イエズス会自身もその後、「少年少女を日本国外に輸出する」人買い商人に対する破門令を数度に亘って議決するのですが、既に効果は全くなかったのです。

インド、マカオを中心に東南アジア全域に幅広く展開していたポルトガル人たちは、日本人奴隷を買うのはあくまで「善意の契約」に基づくものであり、「神の掟にも人界の法則にも違反しない」として勅令を完璧に無視しました。日本人の売買に関しては、イエズス会自身が脛に傷をもっています。勅令さえ無視する者がイエズス会の破門令などを恐れるわけがないのです。

かくして、捕獲物としてポルトガル商人に売り飛ばすという「掠奪した人間」の販路は依然として健在であったということです。

天正十五（1587）年、コエリュとやり合った秀吉は、コエリュの態度によほど怒りを覚えたのか、すぐさま「伴天連追放令」を発令し、その中（第十条）で「人身売買停止令」も併せて発動しました。徳川幕府にも継承されるキリスト教の禁止という基本方針は、まさにこの時の禁令が端緒なのです。

つまり、キリシタンの取り締まりと人身売買の停止は、不可分のテーマなのです。それは、日本のキリシタンやその指導者であるイエズス会が、日本人を輸出品として売り飛ばすことによって利益を上げていたからに他なりません。

秀吉は、「人身売買停止」という命令を国内の仲介商人たちにも適用し、現実に掠奪されて売られてきた日本人をポルトガル船に運んだ舟の持ち主を磔刑に処しました。

いずれにしても、戦場で捕獲された百姓や女性、子供たちがキリシタンやポルトガル商人たちの手によって輸出品として売られるという仕組みがあったからこそ、人の掠奪が「稼ぎ」になったのです。

秀吉の「伴天連追放令」は徳川幕府に継承され、このことが幕府の対外政策の基盤となります。つまり、キリスト教勢力の我が国への侵出を断固許さないこと、その芽を早めに徹底的に摘んでしまうことであったのです。

俗に言う鎖国という対外政策は、戦国末期に主にスペイン、ポルトガルという旧教国の我が国に対する露骨な征服プロセスの一端を体験したことがベースとなって採られた政策であったということを認識しておく必要があるのです。これを無視して、江戸期の鎖国という対外政策を理解することは不可能であることを強く指摘しておきたいと思います。

第五章

整備された国内ネットワーク

1　閉鎖体制が生んだオリジナリティ

江戸時代に鎖国という制度は存在しませんでした。しかし、対外的に閉鎖体制であったことは否定できません。

社会が一種の閉鎖体制にあった時、一般的にはそれをネガティブに捉えがちです。或いは、ネガティブな現象が支配的になると思いがちなものです。

このことは決して間違った受け止め方ではありません。例えば、産業革命の進展に立ち遅れたことは、閉鎖体制であったことと決して無関係ではないでしょう。但し、体制の影響が顕著に表れたのは、あくまで工業化の面に目立ったことであったと言えるでしょう。

逆に、閉鎖体制の社会には必然的にプラスマイナス両面のオリジナリティが発達するものです。プラスマイナスの評価は別にして、江戸期社会とは実にオリジナリティに富んだ社会でした。

「世界のクロサワ」と言われる黒澤明監督の代表作の一つに『羅生門』（製作・配給大映）という作品があります。

今更ここで解説するまでもなく、敗戦からまだ日も浅い昭和二十五（１９５０）年に公開

された この映画は、芥川龍之介の短編小説『羅生門』『藪の中』を下敷きとして、黒澤明、橋本忍という黒澤映画ではお馴染みのコンビが脚本を担当したもので、世界の映画史に残る名作です。日本映画として初めてヴェネツィア国際映画祭で金獅子賞、アカデミー賞名誉賞を受賞し、イタリア批評家賞、ナショナル・ボード・オブ・レビュー賞監督賞、全米映画評論委員会賞監督賞なども受賞、平成になった今でも、十年ごとに発表される「映画史上最高の作品ベストテン」(イギリス)、「二十世紀の映画リスト」(アメリカ)、「史上最高の外国映画百本」(イギリス)などでランキングされることから、若い人でもよく知っている映画の一つでしょう。

実は、この映画の成功の裏にも、明治維新以降、常に自国の歴史や伝統を卑下し、これを全否定することを「進歩的」「開明」などと称して西欧文化のみが評価の基準となり、時に正義の基準とまでされてきた「維新」「文明開化」の根深い病巣が認められるのです。同時に、江戸文化のオリジナリティが滅びていなかったことも認められるのです。

当時の大映社長は「永田ラッパ」の愛称で知られた、稀代の独裁者永田雅一ですが、社内の試写で『羅生門』を観た永田は、「わけが分からん」と激怒し、企画担当者を解雇、総務部長を左遷したと伝わります。

ヴェネツィア国際映画祭から日本へ送られてきた出品招請状に対しても、国内で選ばれた

『羅生門』は辞退する有様でした。

そんな中、映画祭の依頼を受けて日本の出品作品を探していたイタリアフィルム社長のジュリアーナ・ストラミジョーリがこの映画に出逢い、いたく感動して出品に動こうとしましたが、何と当の大映がこれに反対する始末でした。

困ったストラミジョーリは、自費で英語字幕をつけて映画祭へ送ったのです。当然といえば当然かも知れませんが、映画祭には大映関係者、『羅生門』関係者は誰も参加していません。そもそも監督の黒澤は、出品されたことすら知らなかったのです。

昭和二十六（１９５１）年九月、『羅生門』は映画祭で絶賛の嵐に包まれ金獅子賞、即ち、グランプリを受賞、しかし、それを受け取るべき関係者は誰もいません。困った主催者は町中でベトナム人を見つけ、このベトナム人男性にトロフィーを受け取らせたというウソのような話が伝わっているのです。

日本では、永田ラッパが記者団に

「グランプリて何や？」

と聞いて顰蹙（ひんしゅく）をかったようですが、すべてを教えられて豹変、一転して『羅生門』を絶賛したばかりか、まるで当初から自信をもっていたかのような態度になったことはあまりにも有名なエピソードです。

世間は、

「黒澤はグランプリ、永田雅一はシランプリ」

などと言って嘲笑しましたが、当の黒澤は、まるで『羅生門』そのものだと言ったと伝わっています。

確かに、黒澤には一つのことが分かっていたのです。

それは、日本映画を一番軽蔑していたのは日本人であること、例えば、浮世絵も海外へ出るまでは日本人は芸術としては全く評価していなかったこと、つまり、日本人が「日本的なるもの」を蔑視してきた明治以降の風潮が分かっていたのです。

映画『羅生門』の冒頭シーンを覚えている読者は多いことでしょう。

時は平安時代。戦乱と疫病で荒れ果てた都を象徴するような、朽ち果てそうなまでに荒廃した羅生門。下人たちが雨宿りをしています。寒々しい雨が、希望のない日々を暗示するかのように降り続いています。

この雨のシーンが、世界の映画ファンのみならず、プロである映画人を驚かせました。黒澤は、墨汁を混ぜた水を大量に用意し、ホースを使ってこれを雨として降らせたのです。

映画ファンならご存じでしょう。この手法は後の『七人の侍』（昭和二十九年―１９５４東宝製作配給）でも使われています。

世界の映画人は、雨の量や色に驚いたわけではありません。雨が降るという現象にこれだけリアリズムを注いだ映画は、それまで存在しなかったのです。

そもそも「雨を描く」という発想が、西洋絵画には永く存在しませんでした。実は、これを試みて成功したのは、浮世絵の安藤広重（歌川広重）なのです。雨を線で描いてみせたのです。ゴッホやモネ、アールヌーヴォーの芸術家たちに大きな影響を与え、大胆な構図と「ヒロシゲブルー」と呼ばれる独特の藍色で十九世紀後半のヨーロッパにジャポニスムと呼ばれるムーブメントが生まれる大きな要因となった広重という江戸の絵師は、その頃から既に日本人が考えている以上に世界的に著名な芸術家であったのです。

広重は、代表作『東海道五十三次』（天保四年―１８３３）において三つの宿場に雨を降らせています。『大磯・虎ケ雨』では左上から右下への斜線で、『土山・春之雨』では上から下へ真っ直ぐに、いずれも細い線で雨を表現したのです。『庄野・白雨』は風雨が強く、風を描いたとも言えるでしょう。

これらの作品以上に有名な雨の作品が、『名所江戸百景』百二十枚の一つ『大はしあたけの夕立』です。ゴッホは何点かの広重画を模写していますが、ゴッホの模写としても、この「大はし」の夕立が有名です。広重の描いたやや右上から左下へ流れる線が実に細密であるのに対して、模写という前提でみてもゴッホのそれは粗(あら)くて線とは言い難(がた)いものになっています。

広重だけでなく、北斎、豊春、そして若冲（じゃくちゅう）など世界の芸術家に影響と驚きを与えた絵師は数多くいますが、黒澤は明らかに広重の雨に想を得ていると確信できるのです。映画『羅生門』の冒頭シーンは、広重の雨を動画にしたと言ってもいいほど、雨の表現に秀でていたのです。大胆に言い切れば、江戸期の浮世絵という芸術が、名画『羅生門』の冒頭名シーンを創り、「世界のクロサワ」を生んだとも言えるのです。

江戸期ほど長く平和を維持した事例は、世界史、人類史に存在しません。それは、偶々（たまたま）そうなったのではなく、先に述べた「元和偃武（げんなえんぶ）」という時代のコンセプトを設定したからなのです。

また、「参勤交代」は、江戸を中心とした各地の文化をスクランブルする役割を果たし、交通インフラの整備を促進しました。

その他、江戸期の流通を支えた五街道の整備、海運の主役北前船、通信網の役割をも果たした伝馬制（てんませい）等々、江戸期の社会システムは私たちが教えられたことと違って、驚くべき独自性をもち、世界史的にみても高度なものであったのです。決して浮世絵と歌舞伎だけが江戸ではないのです。

近年、義務教育で円周率を3とする「ゆとり教育」が問題になりましたが、円周率を3でもいいなどと言ったら、砲術指導のメッカであった韮山代官所江川塾の塾生は腰を抜かしていたでしょう。当時の和算のレベルは、世界最高水準にあったことが分かっているのです。それは、ゆとり世代のみならず並みの平成人の及ぶところではなかったのです。

そもそも識字率が、世界水準を遥かに凌駕していました。江戸期の識字率が75％であったのに対して、世界に冠たる侵略国大英帝国のそれは20～25％程度であったと推定されています。

幕末の通貨交渉でみせた水野忠徳の論理展開力は、アメリカのハリス、イギリスのオールコックにコンプレックスさえ感じさせ、咸臨丸の操船を指揮したアメリカ海軍ブルック大尉は、航路計算をしていた小野友五郎の測量・天文知識のレベルの高さに驚愕しました。

更に、ノブレス・オブリージュという社会的佇まいが自分たち固有のものであると信じていたヨーロッパ騎士階級は、武士道という精神文化に同じように、或いはよりシビアに同じ態度が存在することを知り、やはり驚いたのです。

これらの、ほんの一部の事例が既に、江戸期とは決して全否定されるべき時代ではないことを示しているのです。

これを成立させた政治システム、経済システム、そして、社会制度、学術レベルを詳しくみていくと、その社会全体に決定的な一つの思想が堅持されていたことが分かります。

それは、江戸期の社会を根底で支配していた思想が、サスティナブル、即ち、持続可能な仕組みを尊重していたという事実です。これもまた、独自の自然観を背景にもっている上に、閉鎖体制という社会の体制があって成立したものではないかと考えられるのです。

次節以降では、閉鎖社会であったが故に発達した国内経済を支えた流通ネットワークもみておきましょう。

2　江戸の大動脈五街道と伝馬制

江戸期日本の陸上ネットワークの軸は、五街道と呼ばれる五つの幹線陸路でした。これは、家康が整備を始め、四代家綱の時代に基幹街道としての位置づけが定まったものです。整備された順番に五街道を挙げておきます。

東海道　　寛永元（１６２４）年　完成
日光道中　寛永十三（１６３６）年
奥州道中　正保三（１６４６）年
中仙道　　元禄七（１６９４）年

甲州道中　明和九（１７７２）年

最初に整備された東海道は、江戸の日本橋から京の三条大橋までの間に五十三カ所に宿場があることから「東海道五十三次」という通称で知られています。距離にして約４９０キロで、道中には箱根や新居の関所、大井川や富士川といった、難所としての巨大河川がありました。尾張の宮（熱田）と伊勢の桑名の間は海路になっており、七里を舟で渡ったところから「七里の渡し」とも呼ばれています。

また、東海道の終点（西の起点）である京の三条大橋の先には京街道が続いており、大坂の高麗橋までの間に四つの宿場があることから、「東海道五十七次」という呼称もあります。この場合、日本橋からの距離は１００キロ近く増える計算になります。

二番目に整備されたのは、江戸と日光を結ぶ日光道中です。日光というのは、家康を祀った聖地とも言うべき土地でしたから、整備も早かったのです。日光までは二十一の宿場が設けられ、距離にして約１５０キロになります。

但し、日本橋から宇都宮までは奥州道中と同じ道程でした。その奥州道中は三番目に整備された街道で、宇都宮から現在の福島県南部の白河まで続いていました。これが、奥羽へのメインルートだったのです。なお、会津藩が参勤交代で江戸に向かう際は、奥州道中の西を走る「脇往還（わきおうかん）」会津西街道を利用していました。「脇往還」については、後で触れます。

四番目に整備された中仙道は、五代綱吉の時代に整備がほぼ完了しました。日本橋から板橋、高崎、下諏訪、木曽などを通っていくルートで、近江の草津で東海道と合流します。そのため、中仙道は草津で終わるという見方と、その先の三条大橋まで続くという見方があり、その場合は宿場の数は全部で六十九宿となります。一般には、「中仙道六十九次」という言い方が定着しています。

そして、五街道の中で最後に整備された甲州道中は、日本橋から甲州を経て下諏訪で中仙道に合流します。宿場の数は四十五宿、総距離は約２１０キロです。

江戸時代＝鎖国という誤解が浸透していることもあり、江戸期の経済発展をよく理解している学者ですら「拡大されたクローズドシステム」などと定義づけたりしますが、江戸期は市場経済が著しく発展し、それに伴って国内の流通ネットワークも飛躍的な進化を遂げました。

江戸期の日本は、六万以上の村と江戸や大坂といった大都市、それに六十余州と呼ばれる国の中小都市が経済的に結びついていました。山村は木材や鉱物資源などを、漁村は魚介類や塩などを、都市部は繊維などの工業用品を他地域に移出し、経済が循環していたのです。

そして、これらの商品を陸路で運ぶのに大事な役割を果たしていたのが五街道を中心とした街道網であったのです。

幕府は、五街道以外の主要街道として「脇往還」も整備しました。「脇往還」は、「脇街道」「脇道」とも呼ばれます。

主な「脇往還」には、次のような街道があります。

東海道の脇往還

・中原街道（江戸〜平塚）

・下田街道（三島〜下田）

・姫街道（見附〜御油）

・美濃路（宮〜垂井）など

中仙道の脇往還

・川越街道（江戸〜川越）

・北国街道（信州追分〜直江津）

・北国西街道（洗馬〜丹波島）

・朝鮮人街道（野洲〜鳥居本）など

その他

日光街道 杉並木

・水戸街道（千住〜水戸）
・日光御成道（本郷追分〜幸手）
・日光例幣使街道（倉賀野〜日光）
・長崎街道（小倉〜長崎）
・薩摩街道（山家〜鹿児島）
・三国（みくに）街道（高崎〜佐渡）
・会津西街道（今市〜会津）
・下（した）街道（槙ケ根追分〜名古屋）など

なお、五街道と脇往還は道中奉行の管轄とされ、その他の街道は勘定奉行の管轄となっていました。

街道の整備といっても、単に道幅を広くするだけではありません。宿場（宿駅）を設置、整備し、一里塚を設け、宿駅制度を構築するなど、戦国期までとは全く異なった、まさにインフラ整備と言っていいものであり、経済や流通の発展をベースで支えるものでした。

しかし、当初の目的は、軍事的な情報伝達を円滑にすることでした。

家康は、「関ヶ原の合戦」で勝利したとはいえ、西にはまだ強大な豊臣宗家が君臨しており、全く予断を許さない状況下にあったのです。私たちが知る「関ヶ原の合戦」は、多くのフィクションででき上がっており、これは決して〝天下分け目の合戦〟ではなかったのです。むしろ、優位に立った家康は、ここから一気に政権奪取のファイナルステージへ駆け上ったのです。そこで家康は、まずは徳川の領国である江戸と京・大坂、具体的に言えば江戸・駿府と伏見・大坂を結ぶ東海道の整備に取りかかりました。東海道から整備が始まったのは、このような経緯に因ります。

慶長六（１６０１）年一月と言いますから、「関ヶ原の合戦」の僅か数カ月後ですが、家康は東海道の宿場を定め、各宿場に「伝馬定書（てんまさだめがき）」を交付しました。これによって、宿場常備の伝馬を三十六疋と定め、受け持ち区間を指定したのです。馬一疋の積載重量も上限三十貫に制限しました。三十貫ということは、１１２・５キロに当たります。

宿場は、人足も１００人用意することが義務づけられました。見返りとして、馬一疋につき四十坪の屋敷地を無税としたのです。現代流に言えば、固定資産税の免除とでも言えるでしょう。

この時、同時に「伝馬朱印状」の発行も制度化され、朱印状を持参した者にのみ宿場は人馬を無償で提供します。これが、江戸期の「宿駅伝馬制度」の骨子なのです。

寛永年間（１６２４〜４４）に、東海道の各宿は１００人、１００疋、中仙道は50人、50

疋、日光・奥州・甲州各道中は25人、25疋とされました。但し、中仙道の木曽路十一宿や信濃路の一部は、25人、25疋とされていました。

とはいっても、この人馬の数では足りない時が出てきます。そういう時、宿場は近在の村から人馬を借りるのです。このような〝助っ人〟をしてくれる村を「助馬（すけうま）」の村と言いましたが、元禄七（１６９４）年に幕府は、東海道、中仙道について各宿ごとに「助馬」の村も指定したのです。これを「助郷（すけごう）」と言います。

江戸期のこの、組織的な、公共性の高い交通・通信制度の主たる利用者、受益者は、公用の旅をする者、即ち、主に武家でした。参勤交代は、その代表的なものと言っていいでしょう。公務旅行者は「伝馬朱印状」を持っていますが、朱印状には無料で提供が受けられる人馬の数量が記載されています。それを超える場合は、超過分が有料となるのです。その時の値段は四段階あって、これを、道中奉行が定めたところから「御定賃銭」と言いました。

公務旅行者には、幕府の公用文書などを運ぶ「継飛脚」や「大名飛脚」、「町飛脚」などもいます。彼らも、宿立人馬を利用できましたが、一般庶民はこれを利用することはできず、利用したい時は相対賃銭（あいたいちんせん）を支払う必要があったのです。相対賃銭とは、当事者取引による〝市場価格〟のことを言いますが、宿駅利用における相対賃銭は、公定賃銭の二倍であったと言います。

この江戸期の（宿駅）伝馬制度は、江戸期に突然現れたものではありません。古代律令時代の「駅伝制」や鎌倉幕府の「早馬」がベースになっていることは十分考えられることなのです。しかし、宿場の陣容を整備し、街道に一里塚を設けて旅の便宜を図り、要所には関所を設けるなどの施策を含めて、俯瞰的な目でみればこれはやはり江戸社会を支えた大きな流通・通信システムであったと言えるでしょう。

平和の持続、庶民生活の質の向上によって時代が下ると共に旅人は増えました。そうなると、宿場の負担、特に助郷の負担が益々大きくなっていきます。幕府は、地子（じし）（今の固定資産税）を免除したり、補助金を出したりして制度維持に努めましたが、それでも嘆願、請願が相次ぎ、中には一揆に発展したケースもあったと言われています。

伝馬制度を前提として幕府が旅人を手厚く保護したことも、宿場の負担を大きくした面があったかも知れません。

なお、街道に沿って設けられた宿場町は、一定の規格に従って整えられた、江戸社会を代表する町の一つでした。

碓氷峠（うすいとうげ）の東麓、松井田宿と軽井沢宿の間に設けられた中仙道坂本宿。この宿場の東西の木戸の距離、即ち、町並みの長さは約八百四十メートルにも及びます。家並みは北側八十二軒、南側七十九軒、人口は８２２人。一軒当たり四反五畝（たんせ）もの畑が付いていました。町並みの中ほどに本陣が二軒、脇本陣は四軒あったようです。旅籠（はたご）の数は大小合わせて五十五軒。本陣が二軒あることと併せて、この旅籠の数から言えば、この宿場は規模の大きい部類に入ります。こういう宿場には、酒屋、風呂屋、米屋、魚屋、豆腐屋、医者、按摩（あんま）、材木屋から下駄屋、呉服屋、仕立屋まで揃っており、炭焼・木挽（こびき）がそれぞれ三軒、女郎屋、茶屋がそれぞれ六軒もあり、大工、鳶（とび）、左官といった職人もいたのです（『徳川の国家デザイン』水本邦彦・小学館）。

坂本宿は碓氷峠の麓に位置することから利用客が多く、そのために規模が大きくなっていますが、幕府は五街道や脇往還にこのような形式の宿場町を整備したのです。

街道といえば関所が厳しく通行を管理していたというイメージをもっている読者も多いことでしょうが、それは映画やドラマなどの創作と考えた方がいいでしょう。江戸期に盛んであった出稼ぎ奉公に行く人や一般の旅人にとって、関所は決して恐ろしい所ではなかったし、どうしても通りたくなければ横の道を通ればいいだけのことであったのです。

「入り鉄砲に出女（でおんな）」と言われたことが、殊更（ことさら）関所のイメージを悪くした面もあるようです。確かに関所は、江戸防衛という軍事目的で設けられたものですが、設置エリアは近江から越後の範囲であって、その数はこの広域で五十七関に過ぎないのです。

鉄砲に関しては「入り鉄砲」だけでなく、「出鉄砲」もチェックされたのは当然でしょう。

江戸への「入り鉄砲」には、老中または幕府留守居の手形が必要でした。逆に、江戸から国許へ向かう「出鉄砲」についても、大名家発行手形で済む関所もありましたが、やはり老中または留守居の手形が必要であったのです。

一般庶民の場合は、男性は町年寄や庄屋、或いは旦那寺（だんなでら）発行の往来手形でよかったのです。これに対して、女性の場合は、指定役所発行の「女手形」が必要でした。例えば、江戸に住む女性は幕府留守居発行の女手形が必要であったのです。今どきなら差別として糾弾されるところでしょうが、確かに男性に比べれば不自由であったと言えるかも知れません。そして、この措置は大名子女の江戸からの逃亡を阻止するためであると言われてきて、今でもそのように信じられてきました。

しかし、それは殆ど正しくありません。仮に、大名の正室や子女が江戸から出て国許へ逃げ帰ったとしても、もはや、それで領主が幕府に反旗を翻すことができるような脆（もろ）い政権の時代ではなかったのです。

これは、各藩の人口管理の問題に由来しています。子供を産むのは女性です。その女性が大量に領内からいなくなれば、その藩の人口は先々どうなるか。つまり、「少子化」を心配したのです。

例えば、若狭小浜（おばま）藩では、国を出る場合は、小浜町奉行、敦賀町奉行など指定役所の女手形が必要でした。更に、四カ所の「女留番所」、つまり、女性専用関所のような機関を設置していたのです。ところが、藩に入ってくる女性については、殆どノーチェックでした。それが慣例だ、というのです。出ることについては厳しく、入ってくることにはノーチェック。この一事が「出女」管理の実相を端的に表しているのです。

街道は、軍事の必要性を満たすものだけではなく、また参勤交代や武家の公務のためだけでもなく、江戸の平和の持続によって庶民にとってもさまざまな目的の旅を容易にしてくれる身近なインフラとして機能したのです。

3　舟運が担った物流システム

江戸期は五街道に代表される陸路も発達しましたが、物資輸送の主役は船を使った舟運（しゅううん）でした。

これはあくまで標準ですが、江戸期の米俵には四斗（重さ約60キロ）の米が詰められていました。江戸期の「歩荷（ぼっか）」はこの米俵を担ぎ、何キロもの道程を歩いて運んでいたのです。

江戸期の標準ですが、馬を使えば二〜三俵、牛なら九俵とされたものです。ところが、舟の場合は川舟で二百五十俵、千石船の廻船に至っては二千五百俵（千石）もの米俵を運ぶことができたのです。舟運は陸送よりも輸送力がはるかに上回っていましたので、自ずと江戸期の物流手段の主役となったのです。

諸藩と江戸・大坂を結ぶ航路には、瀬戸内海を経て日本海側の北陸、酒田から蝦夷地松前に至る「西廻り航路」と、太平洋側沿岸を通って大坂と江戸を結ぶ「東廻り航路」がありました。これらの航路の一部を開拓したのは、江戸初期の政商河村瑞賢（かわむらずいけん）です。彼は、舟運の発展に貢献しましたが、「明暦の大火」で莫大な利益を上げたことでも知られます。

当初、徳川幕府は、大名が勝手に五百石以上の船を建造することを禁止していました。当時は「大坂夏の陣」で豊臣宗家を滅ぼしたばかりで、諸大名特に西南雄藩の軍事輸送力を警戒していたのです。このことは、図らずも船の輸送力の大きさを示しているのですが、政権基盤が安定し、航路が開発されて舟運の重要性が増すことに伴って、商船に限って禁令を解いていったという経緯があります。

幕末まで用いられた日本の船を総称して「和船」と言いますが、一本マストで甲板はありませんでした。これも幕府の規制であったのです。

甲板がないことで大量の物資が積載できるのですが、一本マストということは、帆も一枚しかなかったということです。一枚の帆が風力をすべて受けることで、舵（かじ）の負担が非常に大きくなります。結果として、舵の故障による船の事故・漂流が頻繁（ひんぱん）に発生しました。なかには高田屋嘉兵衛（かへえ）のように、漂流した挙句、ロシア船に拿捕（だほ）されて連行された例もあります。
しかし、日本人、特に江戸人というのは面白いもので、規制がかけられても、その中で絶えずベストのものを創り上げていきます。一本マストと一枚帆でもたくさん荷物が運べる廻船が発達し、北前船や菱垣廻船（ひがきかいせん）、樽廻船（たるかいせん）などが登場します。この中でも特に有名なものが、主に日本海海運で活躍した北前船でしょう。

現在の北海道・蝦夷地は、元々はアイヌの居住地でした。しかし、江戸時代には渡島（おじま）半島南部の領主である松前氏（松前藩）が蝦夷地の支配を認められ、アイヌとの交易を一手に担いました。但し、当時の蝦夷では稲作ができなかったので、他藩のように家臣へ知行地を与えることができません。そこで松前藩は、和人とアイヌが交易を行う「商場（あきないば）」を知行の代わりに割り当て給付したのです。

しかし、武家である松前藩士にとって商場の経営は至極（しごく）難しいものでした。そこで、いち早く蝦夷に進出した近江商人に経営を任せ、彼らがアイヌとの交易の実務を担いました。近江商人は「荷所船」と呼ばれた船を使い、畿内から運んできた衣料品や米などの生活必需品を売りさばき、逆に、鰊（にしん）や鮭（さけ）といった蝦夷の海産物を畿内に運び、これらを売りさばいて利益を得るという〝ビジネスモデル〟を創り上げ、財を成したのです。

尤（もっと）も、アイヌの人びとはこれを「交易」とはみていませんでした。はるばる遠くからやってきた和人に、何かお土産を渡すという程度の感覚であったようです。アイヌ人は人をあまり疑わないという特性をもっていましたので、和人の要求には割とすんなり応じたのです。

こういうアイヌ人を軽くみた松前藩は、取り締まりを厳しくして、アイヌ人が他藩や他の和人と交易を行うことを阻止し、利益の独占を図ります。しかし、こうした松前藩の処置にアイヌの不満が高まり、これに部族間対立が重なって、寛文九（１６６９）年に「シャクシャインの反乱」と呼ばれる大規模蜂起（ほうき）が勃発、幕府の援軍を得てこれを鎮圧した松前藩のアイヌ人に対する支配力が益々強くなる結果となりました。

十八世紀半ばまでは近江商人の独壇場だった蝦夷交易でしたが、外国船が蝦夷地に来航するようになると、状況に変化が生まれます。幕府は国防の見地から蝦夷地の一部を直轄地としましたが、その機会に新たな利権を狙って近江商人以外の商人が続々と進出してきたのです。そして、宝暦・天明年間になると、これまで近江商人に雇われていた加賀・越前の船主たちが大坂商人と結託して、「北前船」の廻送を始めたのです。松前への「下り荷」には衣料品や飲食品類、瀬戸内の塩などが積み込まれ、大坂への「上り荷」として蝦夷の海産物のほか、出羽や北陸の米や材木なども運び込まれたのです。

また北前船は、船主自身が各地の港で商品の売り買いを行いました。こうした船を「買積

橋立出水神社奉納船絵馬「幸得丸・幸甚丸・卯日丸」
加賀市　北前船の里資料館提供

船」と言い、菱垣廻船や樽廻船に代表される賃積船（他人の荷物を預かって運ぶ船）とは明らかにスタイルが異なります。買積船は利幅が大きいので、大和田荘七や銭屋五兵衛、本間光丘（みつおか）、高田屋嘉兵衛のような、歴史に名を残すほどの財を成した船主が登場したのです。

北前船は、文化・文政期に最盛期を迎えましたが、その背景としてアイヌの人びと特有の計数感覚を指摘することができます。彼らには「交易で儲ける」という欲がさほどなかったのです。北前船の船主たちは、極端な安価で本州では珍しい品を手に入れることができました。彼らは、これを本州各地で高く売りつけ、〝ボロ儲け〟をしたわけです。

主に日本海を舞台に活躍した北前船ですが、海も川も含めたすべての舟運の流通量を推計しますと、北前船が占める割合はさほど大きくはなかったとみられています。しかも、北前船が登場したのは江戸時代の中期から後期でしたので、これが江戸期における海運の主役を担っていたわけではありませんでした。

因みに、「北前船」という呼称は、当時、広く使われていたものではありません。確かに、上方や瀬戸内では、北方の品を運んでくることから「北前船」と呼んでいました。「北前」とは、上方や日本海沿岸の人たちが北国や日本海を示す際に用いた言葉なのです。同じ語法で東廻り航路を廻送した船を「東前船」と呼んでいました。

一方、北陸や出羽、秋田など北国や奥羽の人びとは、元々の呼称である「弁才船（べざいせん）」という呼称を用いていたようです。中世まで主に瀬戸内で使用された船を弁才船と言いますが、瀬戸内航路を経る「西廻り航路」の発展が北前船を生んだという舟運の歩みが、言葉にも表れているのです。

江戸初期の海運の主役は、江戸と大坂を直行で結んだ菱垣廻船です。その登場は早く、元和年間に堺の商人が紀州富田浦の廻船を使って江戸へ回航させたのが始まりとされています。寛永年間には大坂北浜の商人である泉屋平右衛門がこれを発展させ、不正や海難事故を防止する目的から問屋の整備も進められ、元禄七（１６９４）年には、大坂で「二十四組問屋（にじゅうしくみどいや）」、江戸で「十組問屋（とくみどいや）」がそれぞれ結成され、菱垣廻船によるビジネスを展開しました。

菱垣廻船については、「両舷に竹や木で菱形の垣を作って荷物の落下を防いだことが『菱垣廻船』の名前の由来となった」という通説がありますが、これは誤りです。これは、明治期の歴史学者が唱えたもので、今も定説として学校教科書にも堂々と記載されています。

菱垣廻船には、両舵に「垣立（かきだつ）」と呼ばれる舷墻（げんしょう）（外舵に沿って設けた鋼板の囲い）が設けられましたが、そこに装飾として、またブランドマークとして菱形の模様を付け足しました。これが、「菱垣廻船」の正しい名前の由来です。

菱垣廻船では、主に木綿や酒、醤油、紙、酢といった生活雑貨品が大消費地である江戸に運ばれました。特に酒は他の品より腐敗が早く、酒問屋はスピードを求めていました。当時の江戸周辺では良質な日本酒が製造されず、灘(なだ)や伏見といった上方の酒処からの〝輸入（移入）〟に頼っていたのです。

江戸の人口が増えるにつれて日本酒の需要も増大しましたが、菱垣廻船は他にもさまざまな積荷を積載します。船の積荷スペースを満杯にし、廻送効率を高めるため、時には出航を数日延ばして商品を待つこともあったのです。この、出航までの日数を「仕立日数」と言い、菱垣廻船の仕立日数は平均で約16日だったと言われています。

また荷物を積む際は、重いものから順番に積み込まれます。そのため酒樽などは早めに運ばれ、何日も寝かされるということが多かったのです。

更に、嵐に遭遇した際には、積荷の一部を海中に捨てて船の重量を軽くして遭難を避ける「荷打」を行います。これによって生じた損害は、荷主が「振合力(ふりごうりき)」として分担して負担しました。因みに、座礁や荒天などで船が壊れた時にも損害補塡が生じましたが、この時の負担の分担を「振分散」と言います。

「振合力」や「振分散」は、「荷打」され易い荷物の荷主には大変有難い補償制度でしたが、酒問屋にとっては負担が大きいものでした。なぜなら、酒樽は大抵船底に積み込まれ、よほどのことがない限り、「荷打」の対象にならなかったからです。そもそも酒樽のような重い荷物が船底にあれば、船の重心が低くなって「荷打」のリスクが減るからこそ、船底に積み込まれていたわけです。にも拘らず、酒問屋は損害補償の負担だけは等しく負うことになっており、彼らの不満は徐々に蓄積されていったのです。

享保十五（１７３０）年、遂に酒問屋は自分たち独自の問屋組織を創り、酒を専門に運ぶ廻船の廻送を始めました。酒樽を運んだことから、この廻船を「樽廻船」と呼んだのです。

酒樽を迅速に運ぶことを主目的にして生まれた廻船ですから、菱垣廻船より輸送速度は上でした。しかも、菱垣廻船より仕立日数が短かったので、出航前に何日も寝かされるという事態を防ぐこともできたのです。

スピードが速く、仕立日数が短いことは、荷主にとって大きな魅力です。やがて酒以外の荷主からも「少し運んでくれないか」と頼まれるようになります。その結果、酒以外の産品も安い運賃で運ぶようになり、菱垣廻船との熾烈（しれつ）な競争が生まれました。

しかし、市場原理というものは冷徹なもので、菱垣廻船は徐々に衰退していきます。江戸に入ってきた船便の数も、天保六（１８３５）年の統計では樽廻船が五百八十六隻だったのに対し、菱垣廻船は二百五十四隻と倍以上の差がついていたのです。

菱垣廻船と樽廻船の競合は海上輸送を活性化し、江戸期の経済発展にも大きく貢献しましたが、他にも「塩廻船」や「糸荷廻船」など、さまざまな廻船がありました。

塩廻船というのは文字通り塩を運んだ船で、年間百三十六万俵の塩が江戸へ運ばれたという記録があります。百万都市江戸の市民が消費する塩の量は年間約十一万石でしたが、江戸近郊で賄える塩の量はせいぜい年間四万石。この不足分を塩廻船が賄ったのです。塩廻船で運ばれる塩の多くは瀬戸内産で、塩問屋が独自で廻送を運営していました。

糸荷廻船は長崎から上方へ至る廻船で、中国やオランダから輸入された生糸や絹織物を運んでいたものです。堺の商人が最初に始め、船主の殆どが堺商人であったことから、糸荷廻船は「堺船」とも呼ばれていました

このように、江戸期の物流の中心は、紛れもなく舟運であったのです。

江戸期の経済は、「米本位制」と言っていいほど米に裏打ちされています。経済だけでなく、政治を始めとして社会体制そのものが米に支えられていたと言ってもいいでしょう。それを支えたのも、多くの米を一気に運ぶことができる舟運でした。言い方を換えれば、米本位制の政治経済が舟運を発展させたとも言えるのです。

江戸期の政治の中心は、言うまでもなく江戸でしたが、海路に難所が多かったので、昔か

ら海運が栄えていた大坂が経済の中心地となりました。大坂を指して言う「天下の台所」という言葉が、このことを如実に示しています。

幕府は大坂を直轄地とし、再建した大坂城に城代を置いて直接支配しました。諸藩も蔵屋敷を置き、全国から年貢米が大坂に集まってきたのです。

蔵屋敷の多くは大坂に設けられましたが、江戸に蔵屋敷を設ける奥州や関東の大名も当然いました。しかし、会津藩や仙台藩といった有力諸藩は、大坂にも蔵屋敷を設けて上方商人との取引関係をもったのです。

例えば、会津藩は、江戸の蔵屋敷までは陸路で10日間かけて蔵米を運んでいましたが、大坂へ運ぶ際には舟運を用いていました。阿賀野川経由で新潟まで運び、そこから西廻り航路を使い、20日間かけて大坂へ運送したのです。

年貢米の輸送というのは毎年必ず行われるという点で、商人にとっては〝良い商売〟であったと言えます。しかし、取引ルールを守らないと手痛いしっぺ返しに遭うこともありました。

例えば、越後の玉木屋は村松藩という小藩の年貢米輸送を一手に扱っていましたが、船に余裕があったので、会津の銅を秘かに運搬しました。ところが、この事実が露見し、玉木屋は米輸送の契約を取り消されてしまったのです。今で言えば、契約条項違反による免許取り消し、出入り禁止に相当する重い処分であったと言えます。

年貢米には幕府天領からの「城米」と各藩領からの「蔵米」がありましたが、城米については特に管理が厳しかったようです。例えば、城米を隠匿した者は、発見が後日であっても一族郎党が罰せられました。運航規則も細かく、城米の陸揚げさえ、無断ではできない規則が存在したのです。そして、不正が隠匿されないよう、「不正に手を染めた者でも、それを訴え出れば罪には問わない」と、内部告発の〝奨励〟も行っていたほどでした。倫理性を重視した徳川幕府の一側面が、こういう面にも表れています。

河川を利用した舟運を含めて、舟運こそ江戸の物流を支えた主役であり、単に物流の域を超え、文化の伝播（でんぱ）にも寄与した、江戸期社会の基盤を支えた流通ネットワークそのものであったと言えるでしょう。

4　旅の行き倒れを許さず

国立歴史民俗博物館名誉教授高橋敏氏が、その著『江戸の平和力』（敬文舎）で一人の旅人を詳しく紹介しています。

旅人の名は近江屋豊七。上州高崎の商人です。豊七は二十四歳という若者で、近江屋主人宗兵衛の代参で松屋和兵衛を伴い、四国金刀毘羅大権現参詣を旅の目的として、文久三（1863）年正月二十五日、高崎を出立しました。彼は、京都三条までの二カ月余りの生々しい旅の記録を「道中記」として遺してくれたのです。

幕末のこの時期、人びとが旅を楽しむということに関して、例えば宿に困るとか、地名がよく分からないなどという不自由は一切なかったのです。街道、宿場は整備されており、今日で言うガイドブックも広く出回っていて、著名な観光地には専業のガイドもいました。つまり、今で言う旅行業、観光業が成立していたのです。

現に、豊七は鎌倉でガイドを頼み、二百五十文を支払っています。恐らく客待ちのガイドに捕まり、しつこくつきまとわれて仕方なく雇ったのでしょう。

鎌倉と同じように神社仏閣を売りとする奈良では、豊七はかなり不愉快な思いをしたようです。

此宿大不印（中略）案内を頼み、不残拝見仕候、
此所人気極あしく、何を求めても
皆々案内者一心にて高印

つまり、宿は全く駄目で、ガイドの言うまま何を買っても皆高いというのです。豊七にしてみれば、自分の旅日記が後に続く同郷の者の〝ガイドブック〟になればいいという思いがあったことは想像に難くありません。

若い豊七は遊里にも積極的に足を踏み入れ、女の品定めもきっちりと記録しています。いい女に当たれば「大当たり」と喜び、「散財」し、伊勢では外宮・内宮の参詣を終えるや、

古市よりげい者三人迎に参り、大騒ぎ大当り

といった具合で、遊女を置く宿のランクづけにも余念がないのです。

これでは一体何の旅かと苦笑せざるを得ませんが、豊七は決して遊郭めぐりをやっていたわけではないのです。そこは、当時絹織物で急激な発展をみせていた上州の商人、三河・尾張という一大木綿産地ではいざり機（はた）か高機かと織機の観察を怠らず、京大坂の金銀両替相場の変動にも注目し、メモに残しています。

明治になって伊勢崎銀行や織物取引所を創設し、両毛鉄道の建設にも尽力した地方財界人中澤豊七。彼は、文久三年の若かりし日、このような奔放な旅を楽しんでいたのです。

金刀毘羅大権現、伊勢神宮参詣の旅と言いつつ、それは紛れもなく〝観光旅行〟でした。

そして、豊七の旅は決して豊七ならではの特殊なものではなく、当時としては一般的な、多くの人びとが楽しんだ旅の姿であったことを知っておくべきなのです。

この姿は、江戸期の街道網の発達、整備を十二分に裏づけるものでもあるのです。

それにしても、豊七の旅には大きく注目すべき点があります。それは、この旅が文久三年に行われているという事実です。

幕末文久三年とは、どういう年であったか、ちょっと思い出してください。

豊七が上州を発ったのは正月二十五日ですが、その前年末、十二月二十四日、京都守護職を拝命した会津藩主松平容保（かたもり）が京都へ入っています。つまり、この時、京には尊攘激派によるテロの嵐が吹き荒れていたのです。

この頃の京都は、尊攘激派によるテロが燃え盛る無法地帯と化し、政局は波にもまれるように激動していました。このような情勢を受けて、会津藩主松平容保が松平春嶽（しゅんがく）に押しつけられるような形で京都守護職就任を受諾、文久二年十二月、藩兵千名を率いて京に着任したのです。

上州高崎在近江屋豊七は、こういう騒乱と表現してもいい年に、時に鼻の下を伸ばすような楽しい観光旅行に出かけているのです。

人が生を紡ぐ一コマ一コマを歴史と呼ぶならば、幕末動乱の当時も、異常なことは天候程度の平成日本でも、これが歴史におけるリアリズムの一側面であると言えるのではないでしょうか。

文久三年に京都ではテロが横行していたことは事実です。重大な政変があったことも事実です。そして、近江屋豊七という若い商人が、四カ月余の長い観光旅行を楽しんだことも事実なのです。それぞれの事実が、他の事実と思われていることを補完し、実相を掴む上では互いに補完という役割を果たすことも忘れることができません。京の市内は危険ではあったものの、全国的には幕末動乱とは豊七のような旅ができる程度のものであったとも言えるのです。

もっとも注意しておきたいことは、何の政治的意図ももたない豊七の旅が決して特殊なものではなかったということです。人類史上稀にみる長い平和を維持した江戸という時代も後半の円熟期に入ると、豊七のような町方の庶民だけでなく、村方の庶民、即ち、百姓に至るまでが旅を楽しむということが普通になっていたということなのです。幕末にもなると、このような〝普通〟の蓄積ができていたのです。人生の一コマとしての〝普通〟とは、多少のことでは急に停止することはないのです。幕末期のことになると、「〜秘史」だとか、「〜の謎」といった具合に何でも仰々しく煽り立てる書き物が横行している今、私たちは冷静にリアリズムを理解して歴史事実を検証する必要があるのです。

旅をする。巡礼の旅と称しながら実態は物見遊山の旅ができる。平和なればこそではありませんか。豊七の旅も、まさに江戸の平和の恩恵そのものであったと言えるでしょう。

勿論、旅だけではありません。田畑を手に入れ収穫を増やす努力が報われることも、商売を拡げることも、子供を塾に通わせ、その未来に夢をかけることも、すべて平和の恩恵なのです。平和なればこその人の営みなのです。このことについては、今も江戸も全く同じなのです。

中でも物見遊山の旅が普通にできる、誰でも観光旅行ができることほど平和の証となるものはないでしょう。

江戸期の庶民は、女だけでも旅をしました。

中には、死ぬ前に一度という願いを抱き、旅先での死を覚悟した文字通りの「死出の旅」に出かけ、〝予定通り〟目的地で病死した者もいました。

旅ができるということは、それに必要な路銀（旅費）を蓄えることができたということです。そして、宿や街道というインフラが整っていたということでもあり、旅を企画する情報が入手できたということであり、旅先から便りを出せる通信システムが整っていたことをも意味するのです。更には、女だけでも旅ができるだけの安全が確信できたということを重視しなければなりません。

徳川幕府は、インフラの整備だけでなく、民間人の旅の安全・安心を視野に入れてさまざまな法令を出し、これらは見事に遵守されています。今どきの企業は、コンプライアンス（法令遵守）という言葉をうるさいほど口にしますが、現実には法令など殆ど守っていないという大企業が数多く存在します。私自身が、そういう大企業を幾つも知っており、その違法性をいつでも証明することができます。私の知るこの種の下劣な大企業は、上質な江戸社会ではとても生きていけなかったことでしょう。

平成の下劣な大企業のことはさて措き、幕府は旅人の保護に関して実に手厚い対応を、差別なく一様に保証したのです。

例えば、旅人が発病した場合は、名主は道中奉行へ報告する義務を負っていました。その上で、投薬をするなどの手当てをすることになっていたのです。万一病死した場合は、代官所手代或いは地頭役人、宿中年寄立合いの上で埋葬し、その経緯詳細を手代、役人を通じて道中奉行に報告することになっていたのです。

また、病人の在所が判明した場合は、それがどれだけ遠国であっても通知しなければならず、親族が希望すれば無事に引き渡さなければなりません。仮に療養して回復し、次の目的地へ旅立ったとしても、それまでの経過を「宿継」「村継」で遂一各道中奉行へ知らせることになっていたのです。

実に手厚い対応ですが、これに伴う費用はどうなるのか。親族が負担するというケースは、何も問題はありません。それが不可能な場合は、宿中全体が負担することになっていました。要するに、社会全体で救済する仕組みが存在したということです。幕府は、「徳川の治世」の誇りにかけて、その治世下で旅の行き倒れなどという不幸を出さないという確固とした意思をもっていたとみられるのです。

幕臣が常に意識した東照神君徳川家康の遺訓があります。

今天下の執権を天道よりあづけたまへり。政道若邪路(もし)にへんずる時は、天より執柄たちまち取りあげ給ふぞ

自分は天道から天下を預かったのであって、もし自分たちが道を誤り悪政を行えば、天はたちまちそれを取り上げてしまうだろうと警告しているのです。

そんなものは単なる建前に過ぎないと、例によって〝斜に構えて〟一笑に付す向きも多いことでしょう。しかし、建前であったとしても、「神君の遺訓」が幕府のみならず各藩に至るまで「治世」の重しの役割を果たしていたことは紛れもない事実なのです。

先に「死出の旅」に出た者さえいたと述べましたが、先述した高橋氏はその実例も紹介しています（『江戸の平和力』）。

伊豆長浜村勘助、二十四歳。癩病（ハンセン病）を患い、死を覚悟しました。家族は母きみと兄夫婦とその子、そして姉の6人家族でした。

勘助は、現地での死を覚悟して、草津温泉への旅を決意します。母と兄が旦那寺安養寺に頼みこんで発行してもらった「往来一札」（往来手形）と、家族親族が出し合ってくれた路銀をもって、弘化四（1847）年二月三日、大野村の宇佐衛門に付き添われて出立、十三日草津温泉六兵衛の宿に着いています。

薬湯草津温泉での湯治を目的としながらも、これは草津を死に場所と定めた死出の旅であったのです。安養寺住職も、その前提で心のこもった「往来一札」を書いています。

本人が病死した時は現地の慈悲ある作法で処置していただきたい、当方へわざわざ連絡していただくには及ばない、ついでのあった時にでもお知らせいただきたいと書き添えています。勘助は、思いのこもった路銀と、それ以上に痛切な思いやりの込められたこの「往来一札」を懐深く携帯して、死出の旅路の一歩一歩を踏みしめて草津に向かったに違いありません。

入湯二カ月。付添人宇左衛門は、勘助を宿主六兵衛に託して帰村しました。去るに際して宇左衛門は、勘助の死は親類縁者も承知していること、死後の国許への照会などは負担となるので定めに従い草津の作法による簡便な処置をお願いしたい旨、六兵衛に依頼しています。併せて、葬儀費用の一部として、金一両二分を託しました。

七月二十二日、勘助は死去しました。六兵衛と五人組は村役人に届け出。勘助の旦那寺安養寺発行の「往来一札」が「御取用」となり、草津光泉寺が請け合って、埋葬されています。葬儀費用は六兵衛が宇左衛門から預かっていた一両二分と勘助自身が預けておいた一両二分、合計三両で賄われたのです。

この勘助の一件は、実は〝死出の片道切符〟とも言うべき往来手形を発行した長浜村安養寺に通知されていたのです。前出高橋氏が安養寺の過去帳を繰って、このことを確認しています。これによって、家族親類縁者、関係者一同は、戒名(かいみょう)も付け、法要を営むことができたのです。

高橋氏は怒ります。「近代国家のハンセン病者に対する冷酷な仕打ちとくらべてほしい」と。

勘助の死出の旅は、徳川幕府治世下の一シーンに過ぎません。しかし、このシーンのみを以てしても、江戸社会と「維新以降の近代日本」のどちらが上質な社会であるか、敢えて言うまでもないでしょう。そして、江戸期の交通インフラの整備とは、何のために行われたことなのか。私たちは、これまでの固定観念を捨てて、もう一度このことを考えてみる必要があるのではないでしょうか。

5　疾駆する飛脚たち

信書や荷物、金銭などを運ぶ「飛脚」は、江戸期の通信システムを担う存在でした。その歴史は古く、平安時代の「脚力」が起源とされています。

「飛脚」という言葉そのものは、平安時代末期には既に生まれていたようです。律令制下では、国司が死去したとか、地方で争乱が起きたというような、政治・軍事的な情報を京に伝えることが任務であったのです。

源平合戦時には源範頼（のりより）・義経の兄弟が平氏を討つために西国（さいごく）へ侵攻しましたが、この時も鎌倉にいる兄頼朝に飛脚を走らせ、戦況を伝えています。範頼は頻繁に飛脚を遣（つか）わし、情勢を逐一頼朝に報告しましたが、義経はあまり情報を伝えなかったようで、こういうことが頼朝の不信を招いた一因ともみられています。いつの時代も、情報は人間関係、信頼関係の礎だと言えるでしょう。

鎌倉時代に入ると、京における幕府の拠点が六波羅（ろくはら）にあったことから、鎌倉と六波羅を結ぶ「鎌倉飛脚」や「六波羅飛脚」が設けられました。六波羅〜鎌倉間が最速約72時間で結ばれ、京・西国で有事事態が発生しても、それが直ぐに鎌倉へ伝わるシステムが築かれたのです。

室町時代は京都に幕府が置かれていましたが、関東を統治する機関として鎌倉府が設置されており、やはり京都と鎌倉を結ぶ「関東飛脚」が設けられたのです。

戦国期は各地の勢力が各所に関所を設けていましたので、領国間をまたいでの通信は難しくなりました。そのため、領国をまたいで情報を伝達する際は、然るべき家臣が僧や山伏などに変装してその役割を果たすことが多かったのです。馬で駆けるのは目立ちますので、徒歩での移動が増えたのもこの時代の特徴です。ただし、他国からの侵攻や謀反などの緊急を要する際には、夜通し駆ける「早飛脚」で情報を伝えました。更には、江戸期の伝馬制のように交代しながらリレーで情報を伝える「継飛脚」も登場します。大坂〜名護屋間に継飛脚制度が設けられたのは、文禄二（１５９３）年のことです。

当時はまだ北条氏のように領国内だけの飛脚制度を整備していた例もあります。

因みに、鎌倉時代に一遍上人が開いた時宗には「鉦打ち」と呼ばれる遊行僧がいましたが、戦国末期には彼らが飛脚の役割を担ったこともあります。遊行僧は関所がフリーであった上にもともと地理に詳しいので、適任であったかも知れません。

その後、天下を統一した豊臣秀吉が朝鮮出兵を行った際には、前述しましたが、前線基地である肥前名護屋と京・大坂を結ぶ継飛脚制度が設けられたのです。名護屋城大手門を起点にして一里塚も設けましたが、秀吉が創ったところから「太閤一里塚」とも呼ばれています。当時の継飛脚は一定の間隔で定時便として出ていましたが、戦況によっては「早道」と呼ばれる臨時便も出ていました。これが江戸期に引き継がれ、飛脚制度は街道や宿場とともに整備されていったのです。

江戸期の飛脚にはさまざまな種類があり、幕府の公用便として用いられたのが「継飛脚」です。これを使用できるのは老中、京都所司代、大坂城代、駿府城代、勘定奉行、道中奉行に限られており、宿場で人を替えながら荷を運びました。重要文書や荷物が入った箱は「御(ご)状箱(じょうばこ)」と呼ばれ、街道では御状箱の通行が何よりも優先されたのです。大井川では増水すると渡河が規制されましたが、通行再開の際には御状箱を担いだ継飛脚が誰よりも先に通されました。

継飛脚は宿場から宿場へのリレー方式で成り立っており、江戸〜京都間を2日+16〜18時間という驚異的なスピードで結んだのです。『東海道中膝栗毛』の弥次さん・喜多さんは江戸から四日市まで12日、近藤勇ら新撰組の試衛館(しえいかん)メンバーが上洛した際には中仙道経由で16日かかっていることを思えば、リレー方式とはいえ、江戸から京都まで約3日で走るのが如(い)

何にとんでもないスピードであったかが分かるでしょう。

飛脚などの伝馬役が住んだ町を「伝馬町」と言い、江戸には日本橋近辺に「大伝馬町」「南伝馬町」「小伝馬町」という三つの伝馬町が置かれました。大伝馬町と南伝馬町は街道筋の伝馬を、小伝馬町は江戸廻りの伝馬をそれぞれ担っていました。

飛脚の便にはそれぞれ定められた刻限があり、３日で届けなければならない緊急性の高い便があれば、10日以内に届ければよいというものもありました。日数が短いほど多くの飛脚を必要とし、例えば、３日コースの場合は６人の飛脚が付いていたのです。

また継飛脚は、宿場に着くと「◯日の◯の刻に着いた」という刻付を記録し、受取書を受け取るルールになっていました。当時の通信・通運は途中で不慮の人災・天災に遭遇して荷の到着が遅れたり、届かないことがありましたが、幕府の公用便でそのような事態が発生するのは絶対にあってはなりません。そこで詳細に記録を残し、荷の走行を管理していたのです。

しかし、なかには飛脚便が多い品川や川崎をスルーする者もいました。刻限を守ることを優先させたのですが、この責任感が逆にトラブルの原因になることも多々あったのです。

享保十九（１７３４）年の記録によりますと、継飛脚は一年間で５７８１便も出ています。３６５日で割ると一日約15便となり、江戸期の情報流通量が如何に多かったかが分かるのです。

江戸期の飛脚には、他にも「大名飛脚」や「町飛脚」「米飛脚」などがありました。

大名飛脚は諸藩が国許と江戸藩邸を結んで走らせた飛脚です。有名な大名飛脚としては、月に三度出したことが名前の由来になっている加賀藩の「江戸三度」、七里ごとに小屋を置いた御三家尾張藩・紀州藩の「七里飛脚」などがあります。基本的には藩の足軽や中間（ちゅうげん）が飛脚を務めましたが、維持費がかかるため、次第に町飛脚へ委託する藩が増えていきました。これを「御用飛脚」と言います。

町飛脚は一般市民も利用できる飛脚で、民間の飛脚屋や飛脚問屋が走らせていたものです。特に江戸・大坂・京都の三都間を定期的に結ぶ便が発達し、広く利用されました。道中の運行の指示は「宰領」という監督者が務め、途中で人馬を替えながらリレー輸送するのです。宰領自身は乗馬し、防犯のために長脇差を帯刀していました。

大名飛脚や町飛脚は、日を決めて定期的に往復したことから「定飛脚（じょうびきゃく）」と呼ぶこともあります。但し、京都では十六軒の飛脚問屋が順番に飛脚を発したことから「順番飛脚」、大坂では、毎月2日・12日・22日に飛脚を発したことから「三度飛脚」とも呼ばれていました。無宿渡世の博徒のことを「三度笠」と呼びますが、これは彼らの笠が「三度飛脚」の笠と同じであったからだという説があります。

明治維新後は、越後出身で駅逓司（逓信省の前身）所属の前島密が、イギリスを参考にした郵便制度を創設します。これにより江戸期の飛脚制度が終焉を迎えることになりますが、前島は飛脚の関係者から事情を聞き、飛脚として活躍した人足を使って近代郵便制度をスタートさせるのです。学者の中には「近代郵便制度は前島密のオリジナルである」と主張する人もいますが、実際は江戸期のシステムを引き継いで築いたものであったのです。

第六章

江戸の人口と災害

1　江戸の「国勢調査」

前章で、「死出の旅」に出た伊豆長浜村勘助のことを述べました。この二十四歳の、癩病（らいびょう）（ハンセン病）を患っていた若者は、死を覚悟して草津温泉へ旅したのです。彼のために路銀を用意して送り出した彼の一家は、母きみと兄夫婦とその子、そして姉の6人家族でした。

彼のことは、庶民もある程度自由に旅ができた江戸期の陸路の発達と、その安全を支えた幕府の交通ネットワークについての施策について述べるに際して、一つの事例として示したものですが、それにしても、どうして幕末弘化四（１８４７）年に草津温泉で若い生涯を閉じた勘助の年齢や家族構成を知ることができるのでしょうか。勿論、勘助の往来手形などが幸いにも残されていますが、それだけでは家族構成までは分かりません。

実は、その時の勘助の家族の名前も年齢も判明しているのです。兄嘉七三十九歳、その妻こう三十一歳、その娘りん三歳、そして、母きみ五十七歳、姉ちま三十三歳です。当の勘助がこういう記録を残したわけではありません。

これは、歴史人口学の成果なのです。

歴史人口学――これは、もっとも新しい学問領域の一つで、戦後、もっとも急速な進歩を遂げた社会科学の一つなのです。

ヨーロッパで国勢調査が始まるのは、ごく一部の国で十八世紀末、殆どの国では十九世紀のナポレオン時代以降です。従って、歴史学者もそれ以前の人口に関する指標は得られないものだと考えていました。

ところが、戦後間もない１９５０年代、フランス国立人口研究所のルイ・アンリが、キリスト教会には必ず備えつけられている「教区簿冊（ぼさつ）」を使用した画期的な手法を開発しました。それが「家族復元法」です。

アンリの「家族復元法」についての詳細には触れませんが、これを留学先から日本へもち帰ったのが、速水融（はやみあきら）氏であり、それは前の東京オリンピック開催直前のことでした。

つまり、日本とヨーロッパに大きな差はありませんが、歴史人口学とはこの半世紀で急速に発展して驚くべき成果を挙げた新しい学問なのです。これによって、それまでせいぜい出生（しゅっしょう）率、死亡率、結婚年齢程度までしか把握できていなかった江戸期日本の人口に関する指標が、比較すべくもないほど幅広く、深く、「人口動態」と言っていいほど分厚く理解できるようになったのです。

江戸期日本には、皮肉にも教区簿冊を生んだキリスト教を禁止する目的で作成が始まった「宗門改帳（しゅうもんあらためちょう）」や「人別（にんべつ）改帳」と合体した「宗門人別改帳」といった史料となる記録が、教区簿冊の比ではない緻密な内容を含んで存在しました。この存在が、日本の歴史人口学を発達させたのです。

では、江戸時代と呼ばれる稀有(けう)な平和な時代の人口は、どれほどの規模であったのでしょうか。

この時代は二百六十年を超える長期に亘る期間をもっていますから、当然、時期によって人口も異なります。

「関ヶ原の合戦」に勝利した徳川家康が征夷大将軍に任じられたのは慶長八（１６０３）年のことでした。ここから、江戸時代が始まります。

この江戸が始まった頃の我が国の人口については、幾つもの説が唱えられてきました。主な説を列記してみましょう。

吉田東伍　１８５０万人
速水　融　１２００万人±２００万人
鬼頭　宏　１４３０～１５５０万人
ファリス　１５００～１７００万人
ビラバン　１２００万人

まだ他にもあって、中には２２００万人とする説もあります。私は鬼頭説にもっとも説得力を感じており、１５００万人と考えています。それは、速水説の上限値に近い数字でもあります。

「暴れん坊将軍」の時代と言えば分かり易いかも知れませんが、八代将軍徳川吉宗の時代、即ち、享保年間の人口が約３０００万人であったことは、ほぼ間違いありません。

時期的には他国では例のないことですが、享保六（１７２１）年に吉宗は全国の人口調査を行っているのです。各藩に対して、また天領の代官に対して、支配下の人口を男女別に報告させたのです。いってみれば、江戸版「国勢調査」のようなもので、同時代のどの国にもこういう例は存在しません。

例えば、フランス革命前のフランスの人口は２８００万人などと学校で習いますが、これは単なる推計に過ぎません。江戸期日本では、実際に調査をやったのです。しかも六年に一度実施したのです。マクロの人口調査を定期的に実施していたということなのです。

その結果、享保六年時点の人口調査合計は約２６００万人という結果が出ました。

但し、この時幕府は、調査方法を各藩に任せました。従来から各藩で行ってきた方法で構わないとしたのです。その結果、何歳以上を対象とするかという基本的な条件が統一されなかったのです。乳幼児死亡率の高かった時代のこと、ある藩では八歳以下をカウントせず、十五歳以下をカウントしなかった藩もあったのです。

更に大きな問題は、「支配下人口」を調査したわけで、この全国調査には武家の人口が含まれていないのです。つまり、２６００万人という数字は、過少であるということになるのです。

しかし、このような欠陥をもっていたとはいえ、それによってこの調査の価値が大きく損なわれるということはありません。この時代に全国調査を行ったこと自体が驚きであると同時に、国家として十分なガバナンスが確立していたことを示すものとして高く評価すべきでしょう。

もう一つ注目すべきことは、藩によって対象年齢が異なるということは調査手法としては欠陥をもっているわけですが、「従来通りの方法で構わない」としたということは、従来から領国個々では人口調査を行っていたということです。中央政府が届出を義務づけず、集計をしてこなかっただけということなのです。

確かに戦国末期に領主が百姓を兵力として動員することを想定し、領内の人口を調査していた事例は幾つも確認されています。馬や牛の頭数まで調査されている例も存在するのです。

では、調査手法の問題で対象から外れた人口規模をどうみるか。この大部分は武家人口であり、それもあってこの点については多くの研究者の推計値がほぼ一致しています。それは、

５００万人です。

即ち、調査結果約２６００万人に除外人口５００万人を加えて、享保六年時点の総人口は３１００万人ということになります。幕府による全国人口調査で、判明している最後の調査は弘化三（１８４６）年のものです。最後の調査結果では２６９１万人、第一回の調査結果２６０６万人から僅か85万人（３・３％）しか増加していなかったのです。除外人口を加えると、幕末の総人口は約３２００万人となります。

百二十五年かかって僅か85万人の増加……これまで我が国の学者は、この一点を以て江戸期は長らく「停滞社会」であったと断じてきました。この断定が全く的を射ていないことを歴史人口学が明らかにしたのです。

さて、幕府による人口調査は、二十二回実施され、「諸国人数帳」としてまとめられました。以下が、その変遷です。

第一回	享保六（１７２１）年	２６０６万人
第二回	享保十一（１７２６）年	２６５５万人
第三回	享保十七（１７３２）年	２６９２万人
第四回	元文三（１７３８）年	―

第五回　延享元（1744）年　2615万人
第六回　寛延三（1750）年　2592万人
第七回　宝暦六（1756）年　2606万人
第八回　宝暦十二（1762）年　2592万人
第九回　明和五（1768）年　2625万人
第十回　安永三（1774）年　2599万人
第十一回　安永九（1780）年　2601万人
第十二回　天明六（1786）年　2509万人
第十三回　寛政四（1792）年　2489万人
第十四回　寛政十（1798）年　2547万人
第十五回　文化元（1804）年　2562万人
第十六回　文化七（1810）年　―
第十七回　文化十三（1816）年　―
第十八回　文政五（1822）年　2660万人
第十九回　文政十一（1828）年　2720万人
第二十回　天保五（1834）年　2706万人

第二十一回天保十一（１８４０）年　２５９２万人
第二十二回弘化三（１８４６）年　２６９１万人

これに除外人口（対象外人口）約５００万人を加えると、享保期の人口約３１００万人に対して幕末弘化期の人口は約３２００万人と、江戸中期以降の我が国の人口は安定しているのです。

これは全国人口ですが、さまざまな史料の、発見や、歴史人口学や統計学手法の進歩によって、今私たちは藩別の人口や時に藩内身分別の人口まで知ることができるようになっています。男女別の人口は多くの藩で把握できますが、中には穢多非人の人口まで把握できるケースもあるのです。

長期の趨勢（すうせい）でみれば、江戸期の人口は前半（十七世紀）に増加したものの、中期（十八世紀前半）に入ると停滞、または減少傾向を示し、幕末になって再び増加に転じるという傾向を示しているのです。しかし、これには地域別の違いがあり、例えば、幕府の全国人口調査の行われた享保六（１７２１）年から弘化三（１８４６）年までの百二十五年間の変化をみても、総人口は約１００万人の微増となっていますが、九州・四国・中国、そして、北陸・東海では人口が10％以上増加した国が多数存在し、逆に東北・関東・近畿では10％以上減少した国が多く存在するのです。

一見して「人口も停滞していた江戸社会」というイメージをもたれていますが、実態は、当たり前のこととして人口増加エリアと減少地域が混在しており、人口が停滞しているようにみえるのはあくまで計算上の結果に過ぎないのです。

更に、江戸期の人口は、常に自然災害の影響を受けました。自然災害の中でも、特に飢饉です。

江戸期の自然災害については、後節で触れますが、江戸期には「四大飢饉」と言われる四度の大きな飢饉があり、その度に人口減少に見舞われています。そして、平常年には常に増加したのです。

つまり、江戸期の人口は継続的に増えているのですが、飢饉のような危機を迎えるとガクンと減少し、グラフにすれば鋸（のこぎり）状の推移を描くのです。なおかつ、地域別にみると同時期に増えている地域と減少している地域が併存するのです。

人口一つをとってみても、江戸期は決して〝停滞〟しておらず、ダイナミックな変化を繰り返していたのです。

人口変動に大きな影響を与えた要因の一つが、飢饉＝自然災害であったのです。

2　江戸の自然災害と「公儀」の対応

江戸期の人口は、大きな飢饉の度に減少しました。江戸時代とは、飢饉だけでなくさまざまな自然災害と戦った時代でもありました。

江戸期の人口を考える時、歴史人口学という学問が大きな貢献をしたことは、述べてきた通りです。

そこで私は、ふと考えてしまうのです。

歴史人口学が多大な成果を挙げたとすれば、「歴史災害学」なるものがなぜ成立しないのかと。

そのように呼んでもいい研究がないではありません。しかし、それは歴史人口学が確固としたポジションを得ているのと同じように、「歴史災害学」として確立しているとは言い難いと思われるのです。

災害については、確かに「宗門人別改帳」のような、幕藩体制の全国的な共通性を備えた史料が存在するわけでありません。災害の殆どが天変地異である以上、それは仕方がないことでしょう。しかし、記録がないわけではありません。いや、むしろ江戸人は災害についても、豊富な記録を残してくれていると言えるのではないでしょうか。

江戸期の災害といえば、私たちは、やはり飢饉というイメージをもっています。江戸期には、確かに四大飢饉と言われるような深刻な飢饉が発生しました。

更に、江戸期に特に多くなった災害は、火山の噴火、津波、火災、そして、大風、洪水です。これに地震を加えると、私には、災害発生の状況がどこか平成の今に似ているように思えるのです。平成二十九（２０１７）年という年にどれほど水害が発生したか、私たちの記憶にまだ新しいところですが、それは「異常気象」という域を超えているのではないかと思われるほどでした。

また、平成十二（２０００）年以降に発生したＭ６・０以上の地震は、何と89回を数えます。事ある毎に「風化させないでおこう」「語り継ごう」としきりに言いますが、これだけ多いとそれも努力の要ることとなのです。

平成二十三（２０１１）年の３・11大地震と大津波は、２万人を超える犠牲者を出したことと原発事故が重なったこともあって、今後も永く記憶されるでしょうが、これは八百年〜千年に一度という例外的な大地震・大津波であったと言われます。西暦２０００年以前に遡（さかのぼ）ると、平成七（１９９５）年、阪神・淡路大震災がありました。Ｍ７・３、死者は６４００人を超えました。

私たちは、自然災害から逃れることはできません。そして、これまで自然科学は、地震を予知することに情熱とエネルギーを傾け、お金をかけてきましたが、平成二十九年になって地震予知の専門家は遂にこの基本姿勢を放棄し、地震の予知は完全にはできないという大前提に立って、それに対する対応を研究するという風に、考え方を大転換したのです。

今さら、と言うべきでしょう。西欧価値観を絶対視してきた明治以降のこの社会は、科学を過信してきたと言っていいのではないでしょうか。日本列島に生きる私たちは、これまでの時代に同じような地震や津波、その他の自然災害を繰り返し、繰り返し経験してきたことを忘れてはいけないのです。

地震や津波を理解するには、確かに自然科学の研究成果は有用です。しかし、それのみを偏重してきたということはなかったでしょうか。「災害の歴史」というものに、目を注いできたでしょうか。その意識が強くあったならば、「歴史人口学」には及ばないとしても、「歴史災害学」と言ってもいい知見が成立し、災害対応に大きな役割を果たしたのではないかと思えるのです。

記録の多い江戸期の事例だけでも、私たちはどこまでその経験を継承しているでしょうか。殆ど無知に近いと言ってもいいでしょう。

地震・津波・噴火に限っても、江戸期は多くの被災経験をもっているのです。以下は、その一部です。

◆仙台地震（元和二年―１６１６）　Ｍ７・０

◆近江大地震（寛文二年―１６６２）　Ｍ７・６

◆陸中地震・津波（延宝五年―１６７７）　Ｍ８・０

◆房総沖地震・津波（同）　Ｍ８・０

◆三河遠江地震（貞享三年―１６８６）　Ｍ７・０

◆元禄関東大地震（元禄十六年―１７０３）　Ｍ７・９〜８・２　死者１０３６７、家屋全壊２２４２４

◆宝永大地震・津波（宝永四年―１７０７）　Ｍ８・６

南海トラフプレート地震　死者５０４５、家屋全壊５６３０４、流失１９６６１

◆宝永富士山大噴火（同）　十日間続く

◆蝦夷大島津波（寛保元年―１７４１）　蝦夷大島噴火、津波によって松前で１５００人溺死

◆石垣島地震津波（明和八年―１７７１）　石垣島で死者８４３９

◆浅間山大噴火（天明三年―１７８３）　四月九日から丸三カ月噴火が続く、関東一円

に降灰、火砕流が吾妻郡鎌原（かんばら）村直撃４７７人死亡、我妻山で山津波発生約２５００人死亡、土砂で利根川洪水、前橋で約１５００人死亡、噴煙が煙霧となってヨーロッパを覆う

◆青ヶ島噴火（天明五年―１７８５）　死者１４０、八丈島へ全島避難、帰還が実現したのは四十年後の文政八（１８２５）年

◆雲仙普賢岳（ふげんだけ）噴火・津波（寛政四年―１７９２）　島原前山崩落、山は１５０ｍ低くなり、海岸線が８００ｍ前進、津波が有明海を三往復（島原大変肥後迷惑）、津波による死者１５１３５

◆三陸磐城地震・津波（寛政五年―１７９３）　Ｍ８・０～８・４　死者44、全壊流失１７３０

◆象潟（きさかた）地震（文化元年―１８０４）　Ｍ７・０　酒田で液状化・地割れ、井戸水噴出、死者３００以上、全壊５０００以上

◆近江地震（文政二年―１８１９）　Ｍ７・０～７・５　近江八幡・膳所で死者95

◆庄内沖地震津波（天保四年―１８３３）　Ｍ７・５　津波波高庄内８ｍ、佐渡５ｍ、隠岐２・６ｍ、死者１００

◆善光寺地震（弘化四年―１８４７）　Ｍ７・４　浅い活断層地震、本尊開帳参詣者１

029人死亡、被害は飯山藩・松代藩など広域にわたり死者総計8000以上

◆伊賀上野地震（嘉永七年―1854）　M7・0〜7・5　日米和親条約締結直後、伊勢・近江中心に東海から北陸〜四国まで被害、死者1308

◆安政東海南海地震（同五ヵ月後）　M8・4　震源域紀伊水道〜四国沖、駿河トラフ・南海トラフが連動した巨大プレート境界地震

関東〜九州大津波、熊野・四国・豊後水道で10m超、伊豆下田でロシア艦ディアナ号被災、宝永大地震・津波の教訓が生かされた大地震

◆安政江戸地震（安政二年―1855）　M7・0〜7・1　元禄関東大地震以来の「首都直下型地震」、下町の被害甚大、下町だけで倒壊14346、約10000人死亡、吉原全焼、遊女・客約1000人死亡

◆飛越地震（安政五年―1858）　M7・0〜7・1　跡津川活断層地震、死者302

全くうんざりするような列挙となってしまいました。繰り返しますがこれは一部です。注目すべきことは、平成も終わろうとする今、私たちが懸念している型の地震や津波がすべて含まれているということです。東南海トラフの合体地震、首都直下型地震、大規模津波、

活断層地震、地震後の火災や山崩れ、堰止湖（せきとめこ）の決壊による大洪水等々、私たちは経験しているのです。それも、江戸期というごくごく近い過去に。

長州近代政権は、江戸という時代の仕組み、出来事だけでなく価値観までを全否定し、土の中に埋めてしまいました。災害の記録、記憶も埋められてしまったようです。

私が、事あるごとに「江戸を掘り返さなければならない」と言っているのは、災害対応についても、江戸の経験が生きると考えているからです。

東日本大震災を受けて、津波を防ぐ大堤防の建造が計画されているようです。江戸期にも三陸は、何度も津波に襲われました。江戸の技術があれば、材料は異なっても大堤防は造れます。しかし、江戸人は造りませんでした。

どちらが正しいという問題ではありません。どこまでを視野に入れて対策を講じるか、その社会的コンセンサスの問題ではないでしょうか。

大堤防を造れば、沿岸の海は死にます。生態系そのものが死滅します。しかし、堤防の高さ以下の波高の津波は防げるでしょう。

さて、私たちはどう対応するのがベターなのでしょうか。言うまでもなく、この問題にベストは存在しません。誰がリーダーシップをとって、これを考えるのでしょうか。

いずれにしても、私たちは、災害に対する対応についても多くを先人の経験に学ぶことができるのです。

江戸期に発生した主な地震・津波を一覧していて、気になることが甦ってきました。徳川家康が征夷大将軍に任じられたのは慶長八（１６０３）年です。この、豊臣から徳川への政権交代期にも気になる大地震が発生しているのです。

家康の将軍二年目の慶長九（１６０５）年十二月十六日、東海南海地震が発生しています。駿河沖〜紀伊水道沖を震源域とする大規模な津波地震です。房総半島から九州南部に至るまでの沿岸が津波に襲われ、阿波鞆浦（ともうら）では、その高さが十丈（30ｍ）にも達したという記録があります。浜名湖畔舞坂宿では百軒中八十軒が流出しました。

この型の地震こそ、今私たちが恐れている代表的な大地震「東南海地震」ではないのでしょうか。

「宝永大地震・津波」（宝永四（１７０７）年、Ｍ８・６）、「安政東海南海地震」（嘉永七（１８５４）年、Ｍ８・４）も、この型ではないでしょうか。「宝永大地震」は、南海トラフ地震ですが、「安政東海南海地震」は、文字通り駿河トラフと南海トラフが連動した巨大プレート地震であったのです。

慶長九年の「東海南海地震」から百二年後に「宝永大地震」、二百四十九年後に「安政東海南海地震」が発生しているのです。

この三つの巨大地震が無関係であるとは、到底思えません。現実に、「安政東海南海地震」の際、人びとが真っ先に思い出したのが、「宝永大地震」であったのです。

また、平成三（１９９１）年、人的被害を出す火砕流が発生した雲仙普賢岳は、江戸期に三度大きな噴火を起こしています。毎度、土石流を伴うなどのパターンは、変わらないと観察できるのです。

そして、残念ながら三陸沖の地震は、歴史の時間軸の上では絶え間がありません。また必ず発生すると考えておくべきでしょう。

異常な豪雨災害に見舞われた平成二十九年夏、東北にはヤマセが押し寄せました。これが江戸期であったなら、東北は確実に冷害に襲われ、飢饉となっていたはずです。

江戸期の自然災害は、地震や津波だけでなく、飢饉も人びとを苦しめました。

江戸期の飢饉について、四大飢饉という呼称があります。「寛永の大飢饉」「享保の大飢饉」「天明の大飢饉」、そして、「天保の大飢饉」の四つです。三大飢饉という言い方もありますが、その場合は、「享保の大飢饉」以下の三つを指します。

飢饉とは、凶作の結果です。そして、凶作は、冷害、干ばつ、洪水などによって発生します。つまり、飢饉とは、異常気象によって引き起こされるものです。

例えば、「享保の大飢饉」をみてみましょう。

「享保の大飢饉」は享保十七（１７３２）年に起きた、ということになっています。しかし、現実にはそれ以前、具体的には享保十年代に入った頃から異常な気象が続いていたのです。気温が上がらず、大雨、洪水が頻発、年によっては一転して気温が低いまま干ばつになるといった状況でした。

享保十七年は、五月から長雨が続き、九州で洪水が頻発、その後一転して干ばつとなります。しかし、気温は低いままでした。六月になると、ウンカが大量発生。七月半ばになると、九州・四国で稲が枯れ始めたのです。牛馬も疫病に斃れ、狂犬病が流行りました。

被害の中心地は、九州・中国・四国であり、畿内や関東の被害は軽微であったと伝わりますが、畿内の作柄は例年の六割に過ぎなかったと言いますから、軽微とは言い難いでしょう。

西国が飢饉に見舞われると、西国から大坂への「登米（のぼせまい）」が大幅に減少し、逆に、「公儀」主導の、或いは民間の救済運動として西国への「廻米（かいまい）」が行われます。幕府は、東国諸藩に対しても西国への廻米を指示しています。その結果、江戸や大坂といった都市部で米不足が深刻になるのです。江戸の米価は急騰し、江戸市民に食糧不足が伝播（でんぱ）、翌享保十八年の一月には米の買い占めを行っていた高間伝兵衛が打ち壊しに遭っています。

江戸社会も享保年間ともなれば、商品経済の流通ネットワークが成立しています。西国の飢饉は、西国だけの被害に留（とど）まらなかったのです。

勘定所の幕僚であり、狂歌師としても知られる大田南畝（なんぽ）は、この飢饉に因る餓死者を約30万人と見積もっています。江戸の大飢饉とは、こういう規模であったのです。

このような大飢饉に対して、幕府は「公儀」として救済措置をさまざまに講じています。早速八月には「夫食米（ふじきまい）」の貸与を開始、十月からは大坂の御蔵に貯蔵していた「痛米（いたみまい）」（質の悪い米）や「買米」（買い上げ米）の西国への廻送を行いました。その量は、三万三千石に達し、天領の代官所にも米十二万石、銀千二百貫を貸与しています。

こういう時、「公儀」は天領だけを救済の対象とすることはなく、大名領や旗本の知行地に対しても救済の手を差し延べたのです。享保の大飢饉の際は、大名四十五家、旗本二十四家、寺社一社に対して総額三十四万両の「拝借金」を貸与しています。返済は二年後から五カ年賦、無利息という条件でした。

災害の度に各藩は「拝借金」を申請することが多かったのですが、基本的に幕府は利息を取りません。逆に、返済が滞り、結局回収できなかったという事例は、江戸期に幾つも存在します。

このことは、幕府が自らを列島全域を統治する公権力、即ち「公儀」であるとする意識を十分成熟させていた証（あかし）でもあります。幕府は、家康が唱えた「天道」という概念を重視して代を重ねてきました。この列島を統治する権限は天から預かったものであるという考え方であり、もし「仁政」を行わず、「泰平」＝平和を維持できなかったら、それはたちまち取り上げられるものだという思想であり、統治のプライドと言ってもいいでしょう。

これを統治の〝現場〟へ降ろした考え方が「公儀」という概念であり、朝鮮との外交が始まり、海外との通商関係が整備され、参勤交代が制度化された頃、即ち、三代家光の治世下でほぼ成立したものと考えられます。

徳川幕藩体制とは中央集権的な体制では全くなく、大名連合とも言うべき武家の連合体であることを前述しましたが、そのリーダーである徳川家は、この体制に武家の「結集体」という概念を植え付け、社会的公権力としての機能を重視するようになったのです。

これを更に成熟した認識として確立させたのが、五代綱吉であったとみることができます。学究肌と言ってもいい綱吉は、多分に学問に裏付けられた倫理観に突き動かされて、「公儀」の下に強く結合した社会の創出を目指したのです。

五代綱吉という将軍は、非常にアカデミックな将軍で、庶民に対しても「仁」「礼」という徳目を重んじることを求めました。あまり評判は良くない「生類憐みの令」や「服忌令」などはその具体策であったと言えます。「武家諸法度」でも「忠孝」を重視し、階層を越えて人びとが共通の儒教的倫理観をもつことを求めました。

綱吉は、このような精神で「公儀」の強化を図った将軍とみるべきであって、華開いた元禄文化に浮かれていただけの「犬将軍」ではなかったのです。

この「公儀」という権力意識が、災害対応や復興事業に果たした役割が、実は大きいのです。それは、「公儀」としての責任感とプライドであったとみることもできます。享保の大飢饉に対する被害者救済施策は、まさに「公儀」意識の発露でもあったのです。

元禄十六（１７０３）年十一月二十三日、Ｍ７・９～８・２と推定されている元禄関東大地震が発生。相模湾～房総半島を震源域とする相模トラフ付近のプレート地震で、房総半島南端では土地が約６ｍ隆起、相模湾から房総半島は10ｍ強の津波に襲われました。

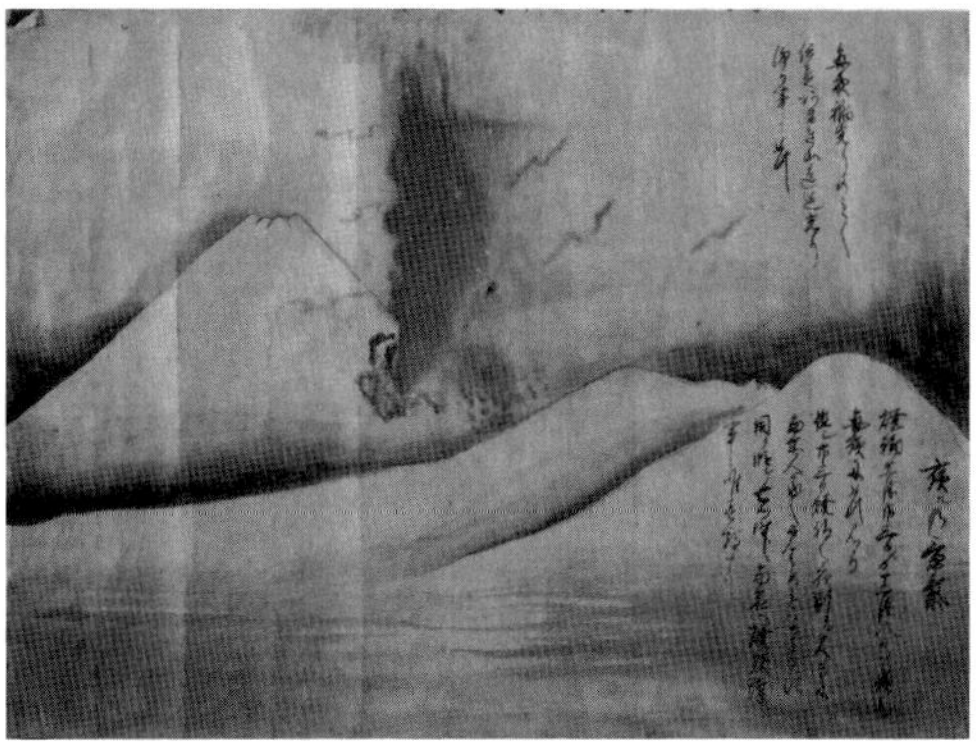

富士山宝永噴火絵図　夜乃景気
静岡県立中央図書館歴史文化情報センター提供

その記憶も生々しい宝永四（１７０７）年十月四日、宝永大地震が発生。これは、南海トラフ沿いのプレート地震で、Ｍ８・６という歴史的な大地震であったのです。東海から九州西部までを津波が襲い、大坂では港の大船が今の日本橋辺りまで押し上げられ、大坂だけで１万人以上が流死しています。

この大地震・津波から四十九日後の宝永四年十一月二十三日、富士山が大噴火します。宝永大地震とその余震が引き金になったとみられており、噴火は十日間続き、特に小田原藩は壊滅的な被害を蒙りました。

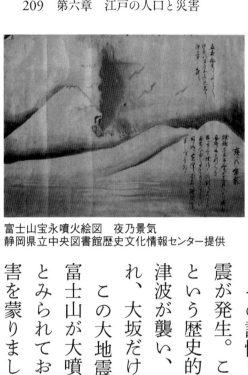

このような大災害の度に「公儀」は、さまざまな救済策を実施しています。藩への拝借金の援助、家中御救金の貸与、村々への扶持米、貸付金の支給、被災地の「上知(あげち)」、復興事業人足の扶持米支給「公儀普請」による治水などの大規模復興工事等々です。「上知」というのは、被災して農地として使えなくなった土地を返上させて、代わりの土地を与えることを言い、使用不能となった土地は幕領としました。

普請には、「御手伝普請」もありました。富士山大噴火の復興工事においては、幕府は、酒匂(さかわ)川、金目(かなめ)川の川浚(ざら)えと堤防の修復を、岡山藩、小倉藩などに命じています。こういう「御手伝普請」では岡山藩や小倉藩が直接人数を派遣するのではなく、現地の町方、村方に請け負わせるのです。この時の請負額は八万五千五百両。これを御手伝藩が知行高に応じて負担します。人足には被災地の住民を採用します。つまり、普請そのものに被災者支援の意味が含まれているのです。子供まで使って、大人と同じ給金を支払った例もあります。翌年、酒匂川の普請は伊勢津藩藤堂家に、金目川は浜松藩松平家に交代して命じられました。

救済としての復興事業に際して、幕府は原則として藩を支援し、藩は村を支援し、村は自力でできることは自力で実施したのです。それぞれの持ち分で復興事業に当たることが原則であったのです。この時、例外的に、幕府が「公儀」として直接村の支援に乗り出すこともありました。

「百姓成立（なりたち）」という言葉があります。百姓が成り立たなければ藩は成り立たない。藩が成り立たなければ幕府は成り立たない。つまりは、百姓が成り立たなければ、武家社会は成り立たないのです。それをよく認識していたからこそ、幕府は「公儀」というガバナンス機能を、藩から百姓まで一本で貫通させたのです。

「御手伝普請」（天下普請）については、各大名に費用を負担させ、財政的に反幕府行動がとれないようにするため、などという解釈、教育が永年幅を利かせてきました。「参勤交代」の目的も同様に語られてきましたし、私自身学校教育でそのように教え込まれてきました。しかし、幕府による「公儀」権力の発動としての「御手伝普請」や「参勤交代」とは、そのような〝幼稚な話〟で説明できるものではないのです。

幕府の歳入（さいにゅう）を考えれば直ぐ分かることですが、幕府は今日で言う「国税」を徴収していないのです。御料地（天領）からの年貢収入や直轄地経由の貿易収入が、歳入の殆どすべてでした。しかも、御料地の年貢率が大名領のそれより低かったことは、先述した通りです。

「参勤交代」にしても、行列が華美にならぬように常に注意喚起をしていたのは、幕府です。各大名がなかなかそれに従わず、互いに見栄を張ったというのが実情なのです。寛永十六（１６３９）年から始まった「寛永の大飢饉」の頃から既に幕府は、飢饉が発生すると江戸在勤の大名に帰国を命じ、諸大名に「撫民」を指示、「飢饉奉行」とも言うべき、今の復興大臣に当たる臨時職を設け、蔵奉行の不正を摘発して江戸・大坂の蔵米のコントロールを行っています。

勿論、「御手伝普請」をどの家中に命じるかは幕府が決定することですから、政治的思惑が皆無であったとは言いません。しかし、幕府は財源も乏しく、災害の多発で益々財政的に窮乏しながらも、「公儀」としてのプライドと責務を守ろうとしてきたことは無視できない事実なのです。

稀なことですが、富士山大噴火の後の復興事業に際しては、「諸国高役金」という復興税とも言うべき税金を取り立てました。御料地、大名領を問わず、全国の村々から高百石につき金二両を「武州・相州・駿州三カ国」の降灰被害を受けた村々救済のために、即ち、目的を限定して徴税したのです。しかも、幕府が直接村々から取立て業務を行っていては迅速な復興事業に間に合わないので、まず大名に立て替えさせたのです。これは、あくまで臨時的な措置ですが、この時全国から期限通りに約四十九万両が集まっています。

徳川幕府は、打ち続く自然災害によって財政的に苦しい日々を重ねていました。それでも、「公儀」としてのガバナンスの維持には、〝意地を張った〟と言っていいでしょう。

たかだか百五十年、二百年前の江戸の災害から学ぶべきことは、災害後の復興局面にこそ多く隠されているのです。

3　燃える大江戸八百八町

江戸の災害を調べていると、江戸期は毎日毎日自然災害に襲われていたような気になりますが、全国規模でみた場合、それはあながち誇張とも言えないところがあります。

自然災害とは異なるということで、ここまで火災については触れてきませんでしたが、江戸市街に関して言えば、まぁ「大江戸八百八町」はよく燃えました。「火事と喧嘩は江戸の華」と言いますが、江戸っ子は〝華〟などと強がってはいましたが、江戸は何度も壊滅的な大火災に遭っています。

代表的な大火は、やはり「明暦の大火」（明暦三年―１６５７）でしょう。

明暦三年正月十八日、本郷の本妙寺から出火、これが北西の強風に煽（あお）られ神田・浅草方面へ延焼。翌十九日には、新鷹匠町（しんたかじょう）、麹町、番町から出火して江戸市街の大半を焼き尽くしたのです。江戸城本丸も焼け落ちました。焼死者10万７０４６人（『武江（ぶこう）年表』）、この被害者数は、関東大震災並みです。鎮火後、大雪となりましたので、この被害人数には焼け出されて凍死した人も含まれているはずです。

幕府は、将軍後見職保科正之（会津藩藩祖）が陣頭指揮をとり、直ぐ二十日には浅草御蔵米を放出して粥施行を実施、これは二月十二日まで続行されました。同時に、米の安売りを命じ、町方に復興資金十六万両を下賜したのです。

この大火を契機に、幕府直属の消火組織として設置されたのが「定火消」です。それまでは「大名火消」しか存在しなかったのですが、「定火消」は若年寄が管轄し、旗本が指揮する消火組織でした。

江戸開府以来の大惨事と言われるこの「明暦の大火」は、通称「振袖火事」とも言われます。どこまでが史実か何とも言えませんが、実に怪異な出来事があったとされているのです。

舞台となったのが、本郷丸山の本妙寺。大火の火元となった法華寺院です。

話は、承応三（１６５４）年、大火の三年前に遡ります。麻布の質屋遠州屋の一人娘梅野十七歳は、菩提寺である本妙寺への墓参の道すがら、すれ違った瑞々しい前髪姿の美少年を見初めてしまいました。典型的な一目惚れです。以来、寝ても覚めても美少年の面影が消えないという〝重症〟でした。

とはいっても、美少年の名前も身分も、どこの家中かも分かりません。ならば、せめて衣装だけでもと、梅野は美少年のまとっていたものと同じ色柄の振袖を呉服屋で仕立ててもらい、それを人形に着せて、撫でたり、さすったり……こういうことをしていると、恋慕の情は益々募るものです。遂に梅野は、病床に伏せる身となります。典型的な〝恋わずらい〟に陥ってしまったのです。翌承応四年（明暦元年）一月十六日、梅野は帰らぬ人となりました。

可愛い一人娘を失った遠州屋は、梅野が何よりも大切にしていた品、例の振袖で亡骸を飾って野辺の送りをしてやろうと考え、振袖を棺桶にかけて本妙寺へ運び込んだのです。法要を済ませた住職は、この振袖を受け取り、古着屋へ売り払いました。

この住職の行為を責めてはいけません。この当時住職は、棺桶を飾っている遺品は棺が土に埋められる前にもらっていいことになっていたのです。住職の役得として認められていたということです。もらった物をどのように処分しようと、それはもらった者の自由と言うべきでしょう。

時が経って、早くも梅野の一周忌、即ち、翌年の梅野の祥月命日。上野の紙問屋大松屋の娘おきのの棺が、本妙寺に納められてきました。何と、その棺には梅野の仕立てた例の振袖がかけられているではありませんか。住職は驚愕します。しかし、世の中にはこういう偶然もあることでしょう。住職は、再びこの振袖を古着屋に売って金に換えたのです。

月日の流れは、いつの時代も早いものです。また一年が経って、梅野の二度目の祥月命日。本郷の蕎麦屋の娘おいくの棺が本妙寺に運び込まれたのですが、その棺には何と……そうです、あの振袖がかけられていたのです。

二度あることは三度ある？　いや、もはやそういう悠長（ゆうちょう）な話ではありません。さすがの住職も真っ青になります。これは、美少年恋しさの梅野の妄執（もうしゅう）が大松屋おきの、蕎麦屋おいくに祟（たた）って、二人のうら若い娘を呪い殺したのではないか。ここは、大施餓鬼（せがき）を催し、梅野の霊を救わねばならぬと考えました。

呼び寄せられた三家の遺族は、一も二もなく同意。大施餓鬼の法会（ほうえ）は、十八日に行われることとなったのです。

折しもこの日は、朝から北風が吹き荒れ、砂塵を巻き上げていました。何せ、もう八十日間も雨が降っていなかったのです。空っ風は、上州だけの名物ではありません。江戸の名物でもあったのです。

本堂で住職の読経が終わると、本堂前に火が焚かれます。罪業滅却を念じて、住職が振袖を広げて炎にかぶせます。振袖のあちこちから小さな炎が立ち始めました。

次の瞬間、折からの強風が火のついた振袖を空に巻き上げました。宙に舞った振袖が、本堂の柱に絡みつきます。柱も、本堂そのものも既に乾き切っていたから堪（たま）りません。火は柱に燃え移り、あっという間に本堂全体へと広がっていったのです。

これが、「明暦の大火」、通称「振袖火事」の発生瞬間の出来事であったと伝わっています。10万人を超える死者を出し、江戸開府以来と言われる大火の裏に、このような若い娘の恋情が妄執にまで膨れ上がった恋物語があったのです。勿論、真偽のほどは、つまり、史実かどうかは分かりません。そして、今のところ私は、その裏取りをする心算（つもり）もありません。

とにかく、大江戸八百八町はよく燃えました。正徳年間五年間だけの記録ですが、以下のような火事が発生しています。

◆正徳元（1711）年
一月四日　芝土器（かわらけ）町より出火、大火
一月十九日　新和泉町より出火、霊巌島まで焼失
十二月十一日　江戸大火、神田連雀町から日本橋まで焼失
十二月十二日　不忍池より出火

◆正徳二（1712）年
一月十九日　赤坂天徳院より出火、大火
二月八日　浅草花川戸より出火、深川まで焼失
二月二十三日　堀江町より出火、霊巌島まで焼失
四月二十四日　木挽町より出火、大火
十二月一日　下谷広小路より出火、柳原土手まで焼失

◆正徳三（１７１３）年
十二月二十一日　護国寺音羽町出火
十二月二十二日　下谷より出火、本所へ飛び火二百五十町焼失
◆正徳四（１７１４）年
一月十一日　牛込馬場先より出火
十一月二十五日　本所石原弁天前より出火
◆正徳五（１７１５）年
一月五日　亀井町より出火、浜町まで焼失
十一月二十三日　下谷藤堂家中屋敷より出火
十二月三十日　大名小路本多家より出火、八十四町焼失

ざっとこのようなあり様で、江戸の火事を整理するにはエクセル表が何枚も必要となるでしょうから、以下省略とします。多くの人命も失われている火事を「以下省略」とは実（まこと）に不謹慎なことですが、これが江戸の火事の実態なのです。

この時期、つまり、正徳から享保年間は放火が多かったことでも知られています。享保八（１７２３）年から十年までの三年間に捕縛（逮捕）された「火賊」（放火犯）は１０２人もい

たのです。「火賊」は「火罪」（火あぶりの刑）に処せられるのが当時の〝刑事罰〟でしたが、放火は後を絶たなかったのです。犯人の多くは「非人小屋居候」と「無宿」で、両者で81人＝79％を占めています。それは、都市化の進展と共に、村から都市へ流入してきた下層民社会の住民たちであったのです。

放火のことは別にして、江戸はなぜこれほど燃えたのでしょうか。

幾つかの理由が考えられますが、民家が密集している都市であったこと、風の強い土地であったこと、そして、木造建築が殆どであったことが、主たる理由として挙げられるでしょう。

江戸の住まいは、極端に言えば木と紙でできています。木と紙でできた家は、石造り、レンガ造りに比べれば、当然燃え易いものです。

江戸社会は、木と紙の家しか作れない貧困社会であったのでしょうか。或いは、技術的に木と紙の家しか作れなかったのでしょうか。

どちらも違います。先に触れた津波を防ぐ堤防と同じことなのです。作れなかったのではなく、作らなかったのです。つまり、仰々しく言えば、自然災害に対する価値観、生きる上での価値観の問題なのです。

もし、石造りの家屋にしていれば、地震の時どれほどの被害を出すことでしょうか。災害は火事や飢饉だけではありません。この国でもっとも恐ろしい災害は、地震や津波、火山噴火なのです。

石造りにすれば、火事には強いでしょう。しかし、地震が発生すれば死亡率は確実に高まります。木と紙の家は、また建て直すにも石造りよりはるかに容易です。

木と紙の家は、確かによく燃えます。しかし、何事も両方は成り立たないものです。木と紙ならまた作り易いのなら、火事で燃えればまた作ればいいのです。石造りにして地震に遭えば、これはもう〝お陀仏〟ですから。

乱暴に言い切れば、これが江戸人の考え方であったと言っていいでしょう。

「洒落(しゃれ)のめす」という言い方があります。

「叩きのめす」という時の「〜のめす」と同じ「〜のめす」です。徹底的に洒落尽くすという意味になるでしょうか。「江戸の粋」の究極のあり様(よう)、それが「洒落のめす」ことであったのです。

4　お天道様を敬う江戸の自然観

焼け出されても、また焼け出されても「洒落のめす」……このメンタリティは、一種の諦観に裏打ちされているように思えます。

大江戸御府内に生きて火事に遭うのは己の運命、益して地震、噴火、津波となれば、これはすべて天の営みである。江戸人は、そう考えました。

勿論、やれることはやる。人事は尽くす。しかし、その後は「天命」として受け容れるしかないではないか、というメンタリティです。このちっぽけな人間が、「天命」に抗うことなどできっこないと思っていたのです。

第一、我々は日々、この天の恵みを受けているからこそ生きていられるのではないか。山へ入って落ちている小枝を頂戴すれば風呂は焚ける。湯に浸かって疲れをとって、また野良仕事に精を出せば、お天道様はちゃんと豊作にしてくださるではないか。水が足りなければ、それは雨乞いのお祈りをするしかなかろうというわけです。

この深い諦めを伴うとみられる江戸人の心情は、現代人からすればネガティブなものに映るでしょうが、私はそんなに浅い諦観であるとは考えていません。

雨乞いにしても豊作祈願にしても、はたまた災害に際しての祈りにしても、神仏への祈りは「天命」を受け容れる一つの作法なのです。災害の後は、失われた命の「供養」から始まります。「天命」を受け容れ、天への祈りとして「供養」を行って、心をリセットすることによってまた前を向くエネルギーを獲得するのです。つまり、この心情を「諦め」とするならば、それは決して「諦め」という言葉から受けるネガティブなイメージに支配されたものではなく、天との一体感を確認して再出発する前向きな心情を表していると考えることができないでしょうか。

大火すら「洒落のめす」のが究極の「江戸の粋」なら、お天道様と仲良くするのも喧嘩するのも「江戸の粋」でしょう。江戸人は、お天道様と仲良くすることを選んで、地震に襲われても、津波に村をさらわれても、また今日も町が焼かれても、「供養」という「お天道様との会話」を済ませると、再び顔を上げて歩み出すという営みを繰り返したのです。

時にそれは、伊勢踊や「ええじゃないか」といった集団的オルギーとなって噴出しましたが、これも「世直り」を意識したものであることは間違いありません。皆が前を向こうというエネルギーを自ら奮い立たせるために、一時的に日常を遮断して熱狂を演出しているとみることができるのです。

「宵越しの金はもたねぇ」と粋がってはいましたが、どうせまた焼け出されるのです。蓄財したって、立派な調度を整えたって始まらないでしょう。落語に出てくる「八っつぁん、熊さん」を思い起こしてください。彼らの住む長屋の住人は、簡素な、数少ない家具しか持っていません。食べるための幾つかの食器と寝るための布団・枕と出かける時履く雪駄（せった）と、手ぬぐい一本と火鉢一個と……お弔（とむら）いの時に必要な羽織は大家さんに借りればいいといった具合です。それも多くはレンタルです。意外に知られていませんが、江戸御府内ではレンタル業が盛んでした。

この長屋の江戸っ子の感覚は、江戸人全体を支配していた自然観にも繋がっています。

近年、「自然との共生」ということがさも進歩的であるかのように威張（いば）って語られますが、何と傲慢（ごうまん）な思想でしょうか。

自然と共生するということは、己と自然をイーブンの立場に、つまり、同等に置いていることを示しています。これは、欧米人の狩猟民族ならではの考え方に過ぎません。

例えば彼らは、山に登ることを「山を征服する」という言い方をします。つまり、彼らにとって、自然とは「征服する」対象なのです。おこがましいにもほどがありますが、これは民族特性なのです。彼らの歴史には、必ず自然界に生きる動物の「乱獲」ということが起こるのも、この延長線上にある必然なのです。

健康についての考え方から社会保障や軍事に対する考え方に至るまで、この自然観が反映されています。平成日本の観光業者が有難がっている「世界遺産」も、彼らの自然観から生まれた価値観によって「価値」があるかないかを判定されているだけなのです。

江戸人は、全く逆でした。

お天道様の「天命」には従う、仲良くするという心情を支えにしている彼らは、自分たち人間そのものもお天道様が差配する大自然の一部に過ぎないことを知っていたのです。自然と自分たちが同等などと、つまり、「共生」するもの、できるものなどと微塵も考えたことはないのです。だからこそ逆に、山々にも、小さな小川にも、時に荒れ狂う海にも、神々が宿っていると考えたのです。

繰り返しますが、間違っても人間が大自然とイーブンの立場にいるなどという傲慢な考えをもったことはないのです。人間はあくまで自然の一部、お天道様の、神々の差配する中で日々の営みを授かっている。江戸人の「諦観」とは、こういう自然観に裏打ちされていることを知るべきでしょう。

このことを理解しないと、江戸社会の「持続可能性」や「エネルギー循環システム」が理解できるはずはないのです。

私は、三陸沿岸に防潮堤を建造することに強靭に反対しているのではありません。社会的コンセンサスが成立するならば、それでいいと考えています。

逆に、津波が襲って来れば高所に逃げ、ここまで来たよという場所に犠牲者の名前を刻んだ石碑だけを建て、また沿岸へ戻って海の幸の恩恵を受けて生き、また津波が襲って来たら逃げる……そんなことを繰り返していた江戸人をバカにしてはいけないと言っているだけなのです。

江戸の町では市民たちが、焼け出されても、また焼け出されても、同じようなささやかな木と紙の家を建て、「火事と喧嘩は江戸の華」などと「洒落のめして」粋がって生きていることを、幕府の無策などと断罪することも全く間違っているのです。

江戸社会には、自然科学や芸術が高度に発達した側面があれば、「間引き」や「姥捨て」といった民俗とも言うべき、現代感覚では悲劇的な側面も存在します。西欧社会が行き詰まりに来た今、この「間引き」すら評価する欧米の科学者がいることもまた事実です。諸々包含して、私は「世界は江戸へ向かっている」と言い続けてきました。これは、江戸の価値観へと向かっているという意味に他なりません。

人間は、どこまでも自然の一部です。決して、自然と対峙できる資格をもった存在ではないのです。従って「共生」などと傲慢なことを言っていると、必ず破滅に向かうことでしょう。欧米人がこのことに気づくのに、あとどれほどの年月が必要なのでしょうか。そして、愚かなことに、肝心の日本人が、江戸を土中に埋めてしまってこのことを忘れ去ってしまったのです。

高齢者が異常に増えれば社会はどうなるか。お天道様が、そんないびつな社会を創るはずがありません。このように語ると、直ぐ高齢者福祉を否定しているのかという厳しい非難を受けてしまいます。

江戸人の価値観、この国の自然観を受け容れ、「順繰り（じゅんぐ）」という伝統的な社会の通念に従った死生観について考えることは、決して福祉を否定するものではありません。近年、「終活」が盛んになってきているのは、このことを真面目に考える芽が出てきているということではないでしょうか。

自然観一つとっても、江戸のエキスは実に豊潤なヒントを含んでいるのです。

第七章

持続可能な江戸社会

1　人糞利用にみる循環システム

東京武蔵野・井の頭池の端っこから小さな水路が出ていて、細々と、しかし、絶え間なく水が流れ出ています。これが、神田川、即ち、江戸期の「神田上水」です。つまり、井の頭池の南端の出口が神田上水の起点になるのです。そのことを教える札と「神田川」と彫られた石碑が、その起点に立っています。

江戸には神田上水、玉川上水のほかに亀有上水（本所上水）、青山上水、三田上水、千川上水があり、江戸城内と百万都市江戸市街を潤していましたが、もっとも早く開設されたのが神田上水でした。いつ開設されたかについては、天正十八（１５９０）年説と寛永年間説がありましたが、五十年に亘(わた)って江戸の上水道を調べ尽くした伊藤好一氏は、天正十八年説を誤りであると明快に否定しています（『江戸上水道の歴史』吉川弘文館）。

天正十八年といえば、家康が関東に入封(にゅうほう)した年であり、寛永年間となると三代将軍家光の治世下です。多摩地域では、早くから井の頭池から灌漑(かんがい)用水を引いていたことも分かっており、井の頭池から目白下までの水路は上水開設以前から存在したという説もあり、恐らく吉祥寺村井の頭池から江戸市街まで一気に上水路の建設が行われたものではないものと考えられます。灌漑用水を上水に利用しただけという説もあり、そうなると上水としての神田上水の開設年次は、消去法的に寛永年間に分があると思われるのです。伊藤氏は、「いろいろ記録を見ると将軍家光の代に掘り割ったことは明らか」と断じています。「いろいろ記録を」という記録とは、恐らく『御府内備考』が中心になっているに違いありません。

いずれにしても、井の頭池を水源とする神田上水は、善福寺川、井草川、後には玉川上水からの助水を入れて、多摩郡、豊島郡十六カ村を経て江戸北郊目白下に至り、目白下関口で上水と吐水（とすい）に分かれて、上水は水戸藩邸を通り抜けてお茶の水の掛樋（かけひ）で神田川を越えて神田一帯に給水され、その後、神田橋御門で二手に分かれ、一流が江戸城内に入り、もう一流が石樋や木樋で京橋・日本橋の町々に給水されました。

余談になりますが、井の頭池の「井」には「水の湧き出る所」という意味があります。もっとも豊富な「井」ですから、「井」の「頭」というわけで、現在も井の頭池には七〜八カ所の湧水ポイントがあり、この池は川が流れ込んでいるのではなく湧水で成り立っているのです。

井の頭池の西側直ぐ傍（そば）を玉川上水が走っています。昭和二十三（１９４８）年六月、作家太宰治（だざいおさむ）が愛人山崎富栄と入水自殺した上水としてよく知られています。

こちらは、江戸の人口の急増によって水不足が深刻化したことから、承応二（１６５３）

年に開削されたものです。参勤交代が制度化されたこの頃、武家屋敷、町屋敷が神田上水の給水地域外に膨張し、そういう域外への給水が必要になったのです。四谷、麹町から赤坂、青山一帯がこのエリアに当たります。

この上水開削は、庄右衛門・清右衛門兄弟が幕府から請負い、二人は私財を投げ打って完成させたという美談が残っています。しかし、二人はあくまで幕府からこの工事を請負った者であり、完成後、その功績によって玉川姓を許されたもので、よく話が逆になることがあります。

着工した承応二年とは、三代将軍家光が没した翌々年に当たります。総奉行を老中松平信綱（川越藩主）が務めました。俗に「智恵伊豆」と言われた松平伊豆守のことです。ただ、この時期の幕政には、殆ど言ってもいいほど将軍後見役である保科正之（会津藩藩祖）が関わっていました。

幕府は、この事業に六千両（一説に七千五百両）の資金を拠出しました。甲州道中高井戸宿まで掘り進んだところでこの資金が底をつき、玉川兄弟は家を売り払って残りの工事費用に充てたという話が美談として今も語り継がれているわけですが、果たしてどうでしょうか。一部私財を投じたことは事実ですが、高井戸から四谷大木戸まで開削する費用を賄うだけの家屋とは、二人はどんな〝豪邸〟を何軒所有していたのでしょうか。二人は、所有していた町屋敷三軒を売り払った代金千両と手持ち金二千両で賄ったというのですが、確かなことは分かりません。ただ、こういうことを細かく詮索（せんさく）しても意味はなく、美談は美談として残しておいても差し支えないでしょう。

江戸の上水は水質を守るために、洗い物や水浴び、魚を捕ること、ゴミを投棄することなどは御法度（ごはっと）であり、厳しく取り締まられました。今でも世界各地の多くの国ではこれが実現しておらず、国民市民の健康被害をもたらしていることは周知の通りです。そのことを思いますと、さすがに徳川治世であると感服するところがあるのです。

特に玉川上水においては、両側三間は保護地帯とされ、ここの樹木伐採、下草刈りも厳禁でした。安藤広重の『名所江戸百景』に描かれている玉川上水の川沿いには、ソメイヨシノの並木が描かれています。当時、桜の花びらは水質を良くすると言われていて、公衆衛生の観点から上水沿いに桜が多数植えられたことは事実なのです。「小金井の桜」はこの時始まっており、江戸期から昭和前期まで桜の名所として賑わいました。

そもそも江戸は埋立地です。江戸開府時点まで遡れば、例えば、今の日比谷公園辺りまでは江戸湾であったのです。そういう土地ですから、決して水質は良くありません。いや、悪いと言った方が当たっているでしょう。そこで、上水を引き、下水と上水をきっちり分けたのです。やがて江戸は、同時期の世界的な大都市となりますが、神田上水、玉川上水の開削はその基礎となる公共工事であったと言えるのです。

保科正之がこれを発議したとされる時、幕閣の多くが反対したと伝わります。反対者の殆どは、武断派とまでは言えないかも知れませんが、城下町というものの基本的な性格について従来の概念の域を出られなかった者だと考えられます。彼らが軍事的な側面から強調したことには、これほど大きく、一気に中心地まで繋がる水路を建設すれば、敵が侵入する際、侵攻が容易になるというのです。確かにこれは、純軍事的には正しい主張であると言えるでしょう。これに対して保科は、小さな城下ならいざ知らず、江戸は天下の大城下となるところであり、民（たみ）の生活の利便を図ることが肝要であると主張して、押し通しました。この発想は、徳川幕府の統治というものが「関ヶ原」以降初めて本質的な「文治政治」へと舵を切り替えたきっかけとなった点で、大きな意味があったと言えるでしょう。

では、上水に対して下水はどうなっていたのでしょうか。もっとストレートに言えば、江戸社会では糞尿（ふんにょう）をどのように処理していたのでしょうか。実は、この点にも江戸社会独特のオリジナリティがあり、他の社会ではみられない循環システムが存在したのです。

昭和三十年代といえば、「経済白書」が「もはや戦後ではない」と胸を張った時代です。維新から九十余年、敗戦から十数年を経て、確かに、経済的には高度成長が始まっていた頃です。しかし、この時代でも、東京区部においてもまだ汲み取り式便所が多数存在したのです。『江戸の糞尿学』（作品社）を著した永井義男氏は、昭和四十六（１９７１）年に池袋の友人宅で汲み取り式便所を経験しています。

　万事右肩上がりの高度成長期に、東京でもまだ汲み取り式便所が使われていたのです。先に、私の少年時代の生活様式が江戸期とさほど変わっていなかったことを述べましたが、生活スタイルや行動様式というものは、地域や個々の家庭や組織の環境による違いが非常に大きく、社会全体で足並みが揃うということは絶対にないのです。最近は、歴史を語るについても時代のトップランナーしか見ていない浅薄な論が支配的になりましたので、敢えて余談を挟みました。

　さて、糞尿について語ること、聞くことは日頃少ないと思われますので、最低限の基本的な関連日本語を整理しておきましょう。

「糞尿」とは、文字通り糞と尿、つまり、大便と小便のことです。「屎尿（しにょう）」とも言います。これを田畑の肥料として用いる時は、「下肥（しもごえ）」と言います。単に、「肥（こえ）」とか「肥（こ）やし」と言うこともあります。私の田舎では、「肥やし」と言っていました。便所の汲み取りのことは、「肥（こえ）取り」とか「下掃除」と言います。その汲み取りを行う人を「肥取り」「下掃除人」「汚穢（おわい）屋（や）」などと言ったのです。三島由紀夫の『仮面の告白』には、汚穢屋という言葉が使われています。「肥桶」や「肥柄杓（びしゃく）」は、汲み取りに必要な道具として説明の必要はないでしょう。

年号を覚えることを主とする歴史教育ではまず出てこない話でしょうが、江戸の町を肥桶を担いだ男たちがひっきりなしに行き交っていました。これが極めて普通の、日常的な江戸の風景でもあったのです。

日本人は、鎌倉期から糞尿をうまく利用してきましたが、江戸期がその最盛期であったと言えるでしょう。江戸期になると、都市と近郊農村との間で、回収と利用という循環がシステムと呼んでもいいレベルで完成し、商売（産業）としても成り立っていたのです。糞尿が商品として取引されていたわけで、商品価値があったから循環システムが成立したのです。

百姓は、天秤棒で野菜などを担いで都市へ販売に出かけます。それを買う都市住民は、農産物の消費者です。この時、販売する農民は、農産物の生産者です。農産物などを食した都市住民は、当然排泄をします。つまり、糞尿の生産者なのです。その糞尿を、百姓が下掃除人として、金を払って汲み取り、村へ運搬して肥料として使う、即ち、この時百姓は、糞尿＝肥やしの消費者となるのです。その肥料によって生育した農産物を、再び都市住民が消費するというサイクルを描いていたのです。

このように、町方住民と百姓は、互いに消費者であると同時に生産者であるという、見事な補完関係を創り上げていたのです。これはもう、糞尿の循環システムと言ってもいいレベルにあったのです。

前述した、あのルイス・フロイスも述べていますが、ヨーロッパでは都市住民が汲み取り人にお金を払って汲み取ってもらいますが、江戸社会では全く逆に汲み取り人の方がお金を払って買ってくれたのです。そして、ヨーロッパでは馬の糞を肥料にして人糞をゴミ捨て場に捨てていましたが、日本では馬糞を捨てて人糞を肥料としたのです。

もし、このような循環システムが成立していなかったら、百万人都市江戸はどうなっていたでしょうか。それは、例えば、パリをみれば明らかです。

ヨーロッパの中世に対しては「暗黒」という言葉が使われることが多くありますが、衛生面では「不潔時代」と表現されることがあります。その理由が糞尿処理にあったのです。

日本の江戸期に当たる時期のパリ市民の家にはトイレがなく、人びとは室内で「おまる」を使用していました。問題は、その処理です。一応、「糞尿溜め」が指定されていたのですが、そこまで捨てにいくのが面倒であったのでしょう、大抵夜間に窓から外へ投げ捨てていました。夜道を歩いていると、いつ上から糞尿が降ってくるか分からないのです。一応、声をかけてから投げ捨てるのが〝マナー〟にはなっていたようですが、実際に頭から糞尿を被った人の話は数多く記録に残されています。

パリ市民は、男女を問わず道端や物陰で排便するのが普通でした。よく言われる通り、ヴェルサイユ宮殿の庭園も、排便、放尿の場となっていたのです。パリの町中が便所だったと表現する研究者もいるほどです。実際に我が国の江戸後期に当たる時期まで、「パレ・ロワイヤルや大通りの並木は、立小便や野糞で悪臭ふんぷんたる状態で、セーヌ川にはパリのあらゆる汚物が流れ込んで悪臭を放ち、土手は糞便ですさまじい悪臭を放っていた」(『江戸の糞尿学』)という状態であったようです。こういう環境が伝染病多発の大きな原因であったことは言うまでもありません。

このことは、パリだけでなくロンドンも同様でした。二階の窓から下の路上に「おまる」の中身を投げ捨てている様子を描いた版画が残っているほどです。牧畜を行っていたヨーロッパの農村では、牛や馬の糞を肥料として利用することができたので、労力をかけて都市の糞尿を集める必要がなかったことも背景の要因でしょうが、糞尿処理の問題は、そもそも衛生観念の種類がどう違っていたか、ひいては自然と人間の関係をどう位置づけていたかという問題にまで行きつくのです。

江戸の社会システムを江戸システムと呼ぶことが盛んになってきましたが、江戸システムの特徴を述べるとすれば、まず第一に「資源の循環システム」を完成させたことを挙げなければなりません。そのことを端的に示す事例として糞尿処理の問題を提示したものです。

2　再生可能なエネルギーと森林保護

地質学者は、日本列島のことを「花綵（かさい）列島」と呼びます。弧状の花づなのように美しい列島という意味です。また、私たちの先人は、この島国を「秋津島（あきつしま）」という美称で呼ぶことがありました。外の人から見ても、この列島に生きていても、この列島は美しいと評価されてきたのです。

確かに、幕末のイギリス公使オールコックも、大森貝塚を発見したことで知られるモースも、女性旅行家イザベラ・バードも、緑の豊かさ、緑に彩られた道路の美しさ、農村風景の美しさに感激し、それを讃えています。

都心から出発するとしても、どの方向に進んでも、木の生い茂った丘があり、常緑の植物や大きな木で縁どられたにこやかな谷間や木陰の小道がある。(『大君の都』オールコック　岩波書店)

このことは、単なる自然の恩恵のみででき上がっていたわけではありません。この自然の美しさそのものが、アメリカの日本研究家コンラッド・タットマンが、その著『緑の列島（原題）』（築地書館）において鋭く指摘しているように、私たちの先人が日々の営みを通じて創り上げたものなのです。つまりは、歴史の遺産そのものと言っていいでしょう。そして、私の言うその先人の殿（しんがり）を、江戸の日本人が担っていたのです。

斯（か）くも世界の人びとを魅了した緑の列島は、古代に一度大きな自然破壊の犠牲になったことがあります。今の中国山脈は、禿山になってしまったのです。森や林がなくなると、或いは、山が禿げてしまうとどういう被害が発生するか、どういう影響が現出するかについては、私如（ごと）きが今さら述べるまでもないことでしょう。

原因は、朝鮮半島から渡ってきた、鉄を産する集団が、タタラ製鉄を盛んに行ったことにありました。この製鉄法では、原料として砂鉄の他に大量の木炭を必要とするのです。近世のタタラ製鉄における精錬は屋内精錬ですが、古代のそれは「野鈩（のたたら）」、即ち、露天精錬なのです。後世で言う「鉄山師」は、一山の材木を使い尽くすと、次の山へ移っていき、山という山を禿山にしてしまったのです。

実は、戦国期から江戸初期も、危うく森林破壊の時代になりそうな時代でした。

もし、江戸人の知恵とも言える価値観がなければ、江戸という時代は世界が魅了されるオリジナルな社会システムを創り上げる前に、いきなり「自然破壊の近代」へ突入していた可能性すらあったのです。

この危険な時期に何が起きていたのかといえば、人口の増加と市場経済の拡大です。人口の増加は、それを養う食糧確保の必要を生み、耕地の拡大を促しました。新田が盛んに開発されたのです。戦国大名の生き残りをかけた政策もこれを後押ししました。新田開発が盛んに行われた結果、耕地面積は飛躍的に拡大しました。太閤検地による石高から推計された江戸開府時の総耕地面積は、二百二十万町歩（ほぼ二百二十万ヘクタールに等しい）でしたが、これが、享保六（１７２１）年には二百九十六万町歩、天保十四（１８４３）年に三百六万町歩に達しています。

これだけの新田開発は、当然木の伐採をはじめとする、いわゆる自然破壊をもたらすのが普通です。このことが、第一の危険要因であったのです。

第二の危険要因が、市場経済の拡大に伴って日本列島が都市化していったことです。既に戦国末期から、門前町や港町（港湾都市）の発生・発達がみられましたが、江戸期に入ると同時に、城下町の建設が盛んになったのです。中世のそれに比べて、江戸期の城下町は規模が大きく、武家を集住させる武家の居住区を設けるだけでなく、町屋の建設を伴ったのです。

町の建設は、燃料や建築資材を必要とし、必然的に森林伐採を伴います。そして、城下に人が集まれば、生活用水が必要となり、物資輸送のための道路や用水路も必要となります。城下の周辺に百姓を居住させるにも、道路や河川の改修が求められることもあり、農地の肥料としての魚を確保するための漁場の開発が必要となることもあったのです。

この時期に、全国各地で河川の「瀬替（せがえ）」が盛んに行われたのも、このような都市建設に伴う現象であったのです。「瀬替」とは川の流路を付け替えることで、主に洪水を防ぐために行うものでした。例えば、もともと利根川の支流であった荒川を入間川下流に合流させる瀬替が寛永六（１６２９）年に行われており、承応年間（１６５２〜５５）には、利根川を東の渡良瀬川、鬼怒川に合流させる瀬替を行い、江戸市街を洪水被害から守ると共に、下流デルタ地帯に耕作地を増やし、舟運（しゅううん）の発達を図っています。これによって、確かに荒川の舟運は発達したのですが、一方で新たな水を受け入れることになった和田吉野川や市野川（いちのかわ）の流域では水害が発生し、新たな堤防の造成も必要になったのです。

このように、城下町の建設をはじめとする町づくりが全国各地で進み、江戸初期は街道の整備、架橋（かきょう）、用水路としての運河の掘削等々、各種のインフラを整えることが盛んに行われた、いわば列島改造の時代であったのです。

これに伴って、木材需要が異常な高まりをみせ、大規模な森林破壊が始まろうとしていました。生息地を失った野生動物が人里に現れ、人が襲われ、山が保水力を失って土石流が発生し、これが洪水を惹き起こしたりしたのです。どこかで聞いた話ではありませんか。そうなのです、近代文明を謳歌する平成日本と全く同じ現象がみられるようになったのです。

ただ、この先が少し違ったのです。

寛文六（１６６６）年、幕府は「諸国山川掟」を発令しました。経済先進エリアであった畿内を対象として、木の根の掘り出しを禁止し、苗木の植林を命じたのです。この時点で、乱開発とも言うべき森林の破壊が災害を発生させるという認識が、幕閣に共通認識として存在したのです。

貞享元（１６８４）年にも、再び同じ趣旨の「掟」を発令しています。この時は、更に徹底した行政命令となっており、淀川水系の治水を意識し、対象エリアを山城、大和、摂津、河内、近江と具体的に名指しして発令したのです。

土砂の流出を防ぐために草木の根を掘ることを禁止し、川筋で木々の少ない地域に植林を義務づけ、流域の新田・古田を問わず土砂が流出している場所の耕作を停止させ、その一帯には木の苗、竹、萱などの植え付けを命じ、新規の土地開発を禁止しました。更に、山間部の新規焼畑、切畑の開発も禁止し、淀川・大和川に流れ込むすべての河川の上流の畑を元の森林に戻すことを該当地域の藩主に命令したのです。

尾張藩では、享保九（１７２４）年から林政改革を推し進め、伐木を制限すると同時に植林を推進しています。但し、「木曽五木」と言われる檜（ひのき）、椹（さわら）、翌檜（あすなろ）、高野槙（まき）、鼠子（ねずこ）は、「留木（とめぎ）」（伐木禁止）とされました。これには、「枝一本腕一つ、木一本首一つ」と言われるほどの厳罰主義が採（と）られ、実際に盗伐で村民が捕縛されるということも起きています。しかし、結果的に尾張藩では、安永年間（１７７２〜８１）以降は、年間二十五万石という材木の安定生産が実現しているのです。

明治近代以降の教育では、尾張藩の林政を圧政として教えますが、これは明らかに間違っており、藩は木曽五木を留木とすると同時に、「明山（あきやま）」を創って村民が雑木を切り、薪炭の材料とすることができる山域を設けているのです。むしろ、明治になった途端に木曽谷の山地は殆どすべて官有林とされ、人っ子一人入山できなくなりました。明治新政府は、旧尾張藩レベルの自由な森林利用すら認めなかったのです。ひと言で言えば、明治新政府は、森林保護の意味とノウハウの理解レベルにおいて幕府ほどの水準に達していなかったのです。しかし、旧尾張藩の〝圧政〟が語られることはあっても、新政府の無分別（むふんべつ）な規制が表だって語られることはありません。

正保二（１６４５）年、幕府は各藩に山林の「濫伐（らんばつ）」を禁止すると共に植林を義務づけました。これに沿って各藩は、以下のように山の種類を分別設定するという措置を採ったのです。

留木　＝伐採禁止（種類を指定）
留山　＝山への立ち入り制限、利用制限
年季山＝利用期間の制限
割山　＝利用できるエリアの分割
部分山＝村民と藩が収穫材を分け合う山

これによって、江戸日本は危うく危機を脱することができました。前出のタットマンは、危機を脱し、緑の列島が維持された幾つかの要因を、以下の通り整理しています。

・山林資源を食料、燃料、肥料として利用してきたので、落葉広葉樹林が庇護されてきた
・技術の進歩があったにも拘らず、木材搬出に荷車を使用することを禁止し、大鋸（おが）による伐採を制限するなどして過剰伐採を防いだ
・森林保全の思想と倫理観が存在し、藩主の政策にその価値観が色濃く反映された
・留山、留木、部分山、年季山、割山など、制度的な工夫が緻密に行われ、持続的な森

林資源の利用を図った

・動物蛋白質、肥料を海産資源に頼ったので、食用に牛馬を飼育する習慣が発生せず、木の根を食い潰す放牧の必要がなかった

これらは、すべて頷（うなず）ける要因です。ヨーロッパや朝鮮半島の森林資源破壊を参照すれば分かりますが、これらの要因の一つが欠けていても山林資源の持続的な利用はできなかったかも知れないのです。

山林資源は、再生可能な資源です。これを資源・エネルギーとして利用しつつ、その破壊を防いだ幕府の施策は、江戸期を持続可能な社会とした決定的な要因の一つであったと言えるでしょう。

今や「もったいない」という言葉は世界語となっていますが、その背景には、このような環境資源に対する向き合い方にも表れている、江戸人の「節約と欲望の抑制」という生き方に対する尊敬の念が存在するのです。

江戸社会ではプロト工業化が高度に進展し、日本列島は都市化していきました。江戸は、人口１００万人を擁する世界一の大都市となっていました。江戸だけでなく、都市は近隣から人口を吸引します。各都市を結ぶ流通ネットワークの構築も進みます。これらに伴って起

こった列島改造の波を、江戸人は欲望を抑制するという価値観と生き方によって乗り切ったのです。

戦後日本では、田中角栄という金権政治家、土建政治家によって列島改造の大波が惹き起こされましたが、私たちはそのうねり狂う大波に身を委ねるだけで、森林に代わって一体何を残したというのでしょうか。せいぜい五十年という短命で、使い捨てにしかならないコンクリートの塊だけではないでしょうか。それらが今、経年劣化によって自ら死につつあります。それを防ぐ技術もまた、同じレベルで引き継ぐということが為されておらず、トンネルの壁は落下し、橋が危険に曝され、大団地は廃屋になろうとしています。

これは、明らかに、江戸を全否定した「近代人の劣化」の問題と言えないでしょうか。

3　「足るを知る」精神に学ぶ

既に述べましたが、江戸時代は完全に国が閉ざされていた時代ではありません。しかし、一種の閉鎖体制の社会であったことは事実です。誰もが自由に海外に行けたわけではなく、「江戸四口」を通して外交（通信）・通商を行っていたに過ぎません。

しかし、閉鎖体制であったことでオリジナリティが生まれたり、或いは元々あったオリジナリティを色濃くした社会であったのです。

この国は島国で、他国からの侵攻を受け難い反面、国土の殆どが山地で江戸期の耕地面積は二割程度でした。しかも地震や津波、噴火といった自然災害が絶えず発生したことは、前章で触れた通りです。そのため、何をするにつけても〝工夫〟が求められ、これが江戸期におけるオリジナリティの構築や醸成につながっていったとみることができます。

江戸期のオリジナリティは、江戸人のライフスタイル、生き方そのものによく顕れています。そのライフスタイルこそが、持続可能な社会を実現させたのです。

『just enough: lessons in living green from traditional japan』の著者である金沢工業大学未来デザイン研究所所長のアズビー・ブラウンは、「持続可能な社会のエキスは、江戸期の農村社会にある」と指摘します。

江戸期の農村作業というものは基本的に太陽・風・水で成り立っており、環境に悪影響を及ぼすことは殆どありませんでした。私が生まれ育った琵琶湖畔の里山に「江戸」の名残りがあったことも先に述べましたが、例えば、我が家では薪ではなく藁を使って風呂を焚いていました。藁は木材よりも頻繁にくべないといけないので、風呂焚きはなかなか大変な作業でしたが、私の田舎では、風呂焚きは子供の仕事でした。

収穫後の稲の茎を乾燥させた藁はさまざまな形で再利用され、わらじや雨具（みの）、屋外用の前かけ、藁縄、むしろなどに再利用されます。毎年豊富に手に入る資源でしたから、それだけでは余ります。そこで捨てずに、風呂焚きの燃料などにしてムダなく使い切るのです。

また、捕鯨の先進国アメリカやイギリスは鯨油を求めて捕鯨を行っていましたが、あの大きな図体から油だけを抽出し、残りは全部棄てていました。しかし、江戸人は鯨油・鯨肉はもちろん、皮やヒゲ、歯など、ありとあらゆる部位をさまざまな用途で用いていたのです。

江戸人の捕鯨の精神と似た例として、ロシアのシベリア北東部に位置するチュクチ半島の端に住むチュクチ族のトナカイ生活があります。彼らはトナカイのソリに乗って北極圏を移動し、トナカイの肉を食べて生活しています。時には、ソリを引くのに使っていたトナカイも食べますが、チュクチ族の人びとは食べる前に祈りを捧げ、血や歯、毛皮など、隅々に至るまで徹底的に活用します。トナカイという恵みに感謝すると共に、自分たちが生存するための最小限のものしか食べないのです。

また、江戸の農村では水を利用する際も、動力を使いません。幾つかの溜池に水を溜め、そこから水田に流すのです。

このような灌漑システムが成り立ったのは、近世以前から我が国では緩やかな傾斜地が「安定した稲作が行える場所」とみなされていたからです。今では数が少なくなった棚田ですが、かつては当たり前のように存在していたのです。私の故郷にあった水田も少しずつ段差があって、溜池からの水が自然の重力によって上段から下段へ隈なく流れるようになっていたものです。余った水は元の水路に戻っていきますが、その過程で汚泥や有機物が取り除かれ、綺麗な水が下流で再利用されるのです。

江戸の百姓は、自然の恵みである水さえもムダなく利用していたのです。「すべてを使い切る」という思想と姿勢が、日々の生活の中にしっかりと根づいていたのです。

その他、落ち葉などの有機物を「刈敷」や腐葉土として利用していたこと、燃料は拾い集めた落木で賄っていたことなど、江戸人の実に緻密なライフスタイルが如何に「持続可能性」に直結していたかを、私たちはもっと知っておくべきでしょう。

燃料ニーズを再生可能である落木によって満たしたということは、燃料のためには木を伐採せず、都市向け建材や炭の生産にそれを回したということなのです。このことは、農村人口が環境圧迫の原因にならなかったということを意味しています。

国土の僅か五分の一程度の耕作地で、当初1500万人を養っていた江戸社会は、二百年後には、環境を劣化させることなく二倍の3000万人を養うに至ったのです。幕府の主導でそのために行った施策、

・森林破壊の停止

・農地改良による生産性の向上
・資源保護の努力
・健康の増進（母乳保育の推進など）

について先のアズビー・ブラウンは、これを現実に成し遂げたことは世界史に例がないと強調します。

そして、江戸の持続可能性を成立させたもっとも重要な要因として、私たちからすれば陳腐とも思えることを、彼は更に強調して指摘するのです。

それは、江戸の人びとの「環境に対する精神的態度」であるとし、具体的には「足るを知る」という精神に他ならないと結論づけます。

「足るを知る」……この言葉で表される生きる姿勢の背景には、自然のメカニズムに対する理解、自然の本質的な限界に対する理解が存在します。

近代日本人は、江戸人の生き方を過小評価しています。或いは、全く理解していません。サスティナブルな社会の定義として「ハノーバーの法則」がありますが、江戸社会は、人権を除いて殆どの定義を満たしているとされています。そのような稀有なあり方で、国境を越えて環境に悪影響を及ぼすことなく、国家として自律的に機能し、安定した社会を二百五十年余りに亘って維持したのです。

明治以降の近代社会に生きる者で、持続可能な社会で暮らした経験をもっている者は誰もいません。私たちは、既に時間との戦いに敗れているのです。私が訴える『明治維新という「過ち」』が、その最大の原因なのです。

しかし、埋もれたものを掘り返し、そのエキスを抽出することはできるかも知れません。できるかも知れないことは、やるしかないのではないでしょうか。

日本人ではないアズビー・ブラウンの言葉を再度紹介して、ひとまず江戸を後にすることにしますが、この誇るべき江戸からどういうエキスを抽出すれば、次世代のグランドデザインが描けるのか、大きな宿題を背負って学び続けたいと思います。

江戸時代の日本人は実に賢明で美しいライフスタイルをもっていた。それを生んだ日本の伝統的な価値観や思考様式を理解することは、地球上のすべての人に大きな恩恵をもたらすにちがいない。江戸時代の日本人はすばらしい快挙をなし遂げ、それは世界を豊かにした。日本人はそのことを誇りに思うべきだ。

あとがき

江戸期の人口、災害、流通ネットワークなどから江戸人の自然観、価値観に至るまで、さまざまなジャンルについて述べてきましたが、これらはまだまだ江戸時代＝徳川日本のほんの表面（おもてづら）をなぞったに過ぎません。江戸は、もっともっと深淵（しんえん）であり、私たちが将来を設計する上で有用なヒントを潤沢に備えた社会でした。

例えば、元禄期には既に母乳哺育が奨励されていました。母親自身が授乳することは排卵を妨げることに繋がり、次の妊娠を遅らせることになるのです。結果的に年子（としご）を防ぎ、母体にとっても子供の成育にとっても好ましい環境を維持することが可能になるのです。

また、「一姫二太郎」という子供のもち方についても今でもよく語られますが、姉がいる場合は下の子供の死亡率が明らかに低下していたことが分かっています。つまり、これには合理的な根拠があったわけで、江戸人はこのことも経験的に理解していたと考えられるのです。

その他、庶民の教育レベルが非常に高かったこと、養老年金とも言うべき手当を支給する藩が多く存在したこと、幕臣の外交能力が高く、歴史上初めての日米交渉においてペリーは本国指令を殆ど果たせなかったこと等々、一般には知られていないことで既に明らかになっていることは多々存在します。また機会があれば、こういった事柄にも視線を向けたいと考えています。

図らずも「鎖国」という言葉の生みの親となったケンペルは、以下のように述べています。

> この国の民は習俗、道徳、技芸、立ち居振舞いの点で世界のどの国にも立ち勝り、国内交易は繁盛し、肥沃な田畑に恵まれ、頑健強壮な肉体と豪胆な気性を持ち、生活必需品は有り余る程に豊富であり、国内には不断の平和が続き、かくて世界でも稀に見る程の幸福な国民である。（『江戸の遺伝子』徳川恒孝　ＰＨＰ研究所）

近代日本の幕を開けたとされている明治新政権は、このように豊潤な前時代＝江戸時代を全否定しました。相対する存在を全否定しなければ成立しない権力組織とは、明らかな欠陥を抱えていることを自ら証明していることになります。

これほど長期に亘って平和を維持した社会は、人類史に例をみません。本書が、そういう時代を探求するに際してささやかでも一助となれば、私にとって大きな喜びです。

主な参考引用文献・資料（順不同）

徳川の国家デザイン　水本邦彦（小学館）
「鎖国」という外交　ロナルド・トビ（小学館）
日本奥地紀行　イザベラ・バード（平凡社）
日本人と参勤交代　コンスタンチン・ヴァポリス（柏書房）
大君の都（上・中・下）　オールコック（岩波書店）
英国外交官の見た幕末維新　A・B・ミットフォード（講談社）
日本人はどのように森をつくってきたのか　コンラッド・タットマン（築地書館）
江戸に学ぶエコ生活術　アズビー・ブラウン（阪急コミュニケーションズ）
日本事物誌　１　チェンバレン（平凡社）
日本その日その日　１　E・モース（平凡社）
ベルツの日記（上・下）　ベルツ（岩波書店）
逝きし世の面影　渡辺京二（平凡社）
江戸の災害史　徳川日本の経験に学ぶ　倉地克直（中央公論新社）
文明としての江戸システム　鬼頭宏（講談社）
文明としての徳川日本　芳賀徹（筑摩書房）
江戸の平和力　高橋敏（敬文舎）
江戸の糞尿学　永井義男（作品社）
歴史人口学で読む江戸日本　浜野潔（吉川弘文館）
歴史人口学で見た日本　速水融（文藝春秋）
江戸の捨て子たち　沢山美果子（吉川弘文館）

江戸の乳と子ども　沢山美果子（吉川弘文館）
江戸の海外情報ネットワーク　岩下哲典（吉川弘文館）
江戸のパスポート　柴田純（吉川弘文館）
江戸の飛脚　巻島隆（教育評論社）
江戸上水道の歴史　伊藤好一（吉川弘文館）
文明開化　失われた風俗　百瀬響（吉川弘文館）
夏が来なかった時代　桜井邦朋（吉川弘文館）
大名行列を解剖する　根岸茂夫（吉川弘文館）
馬と人の江戸時代　兼平賢治（吉川弘文館）
江戸の遺伝子　徳川恒孝（ＰＨＰ研究所）
江戸の色町 遊女と吉原の歴史　安藤優一郎監修（カンゼン）
外国人が見た幕末・明治の日本　森田健司（彩図社）
街道をゆく　南伊予・西土佐の道　司馬遼太郎（朝日新聞社）
遠い崖―アーネスト・サトウ日記抄　英国策論　萩原延壽（朝日新聞出版）
オランダ風説書　松方冬子（中央公論新社）
「鎖国」という言説　大島明秀（ミネルヴァ書房）
秀吉の南蛮外交　松田毅一（新人物往来社）
飢餓と戦争の戦国を行く　藤木久志（朝日新聞出版）
新版　雑兵たちの戦場　藤木久志（朝日新聞出版）
戦国の合戦　小和田哲男（学習研究社）
黒船以前　パックス・トクガワーナの時代　山内昌之・中村彰彦（中央公論新社）
「徳川の平和」を考える　落合功（日本経済評論社）

著者略歴

原田伊織（はらだ・いおり）

作家。歴史評論家。1946年京都生まれ。近江・浅井領内佐和山城下で幼少期を過ごし、彦根藩藩校弘道館の流れをくむ彦根東高等学校を経て、大阪外語大卒。2005年『夏が逝く瞬間（とき）』（河出書房新社）で作家デビュー。『明治維新という過ち』が歴史書としては異例の大ヒット作となり、話題となる。主な著書に『明治維新という過ち』（毎日ワンズ・講談社）、『大西郷という虚像』、『明治維新 司馬史観という過ち』（共に悟空出版）、『三流の維新 一流の江戸』（ダイヤモンド社）、『官賊に恭順せず 新撰組土方歳三という生き方』（KADOKAWA）、『原田伊織の晴耕雨読な日々【新版】墓場まであと何里？』（毎日ワンズ）など。

【大活字版】

日本人が知らされてこなかった「江戸」

世界が認める「徳川日本」の社会と精神

2019年10月15日　初版第1刷発行

著　者　**原田伊織**

発行者　小川 淳

発行所　SBクリエイティブ株式会社
〒106-0032　東京都港区六本木2-4-5
電話：03-5549-1201（営業部）

装　幀　長坂勇司（nagasaka design）

進　行　今井路子（Jプロジェクト）

組　版　若松麻子（Jプロジェクト）

編　集　依田弘作

印刷・製本　大日本印刷株式会社

落丁本、乱丁本は小社営業部にてお取り替えいたします。定価はカバーに記載されております。本書の内容に関するご質問等は、小社学芸書籍編集部まで必ず書面にてご連絡いただきますようお願いいたします。

本書は以下の書籍の同一内容、大活字版です
SB新書「日本人が知らされてこなかった「江戸」」

ISBN 978-4-8156-0219-2